AUTOBIOGRAFISCHE AUFZEICHNUNGEN

GEDICHTE TRÄUME ANALYSEN

Häutungen
Verena Stefan

UMSCHLAG VON ANTONIA WERNERY

FRAUENOFFENSIVE

Beim schreiben dieses buches, dessen inhalt hierzulande überfällig ist, bin ich wort um wort und begriff um begriff an der vorhandenen sprache angeeckt.

Sicher habe ich das zunächst so krass empfunden, weil ich über sexualität schreibe. *Alle* gängigen ausdrücke — gesprochene wie geschriebene — die den koitus betreffen, sind brutal und frauenverachtend (bohren, reinjagen, stechen, verreissen, einen schlag hacken, mit dem dorn pieken usw.). der linke jargon drückt die machtverhältnisse unverändert aus, bezeichnet sie allenfalls eine spur unbeholfener. der linke 'schwanz' dringt in die linke 'möse' ein, und die personen 'bumsen' (lustvoll) miteinander. die vorgänge selber bleiben unangetastet. 'eindringen' anstelle von 'reinjagen' zu sagen, stellt den tatbestand selber nicht in frage. wenn eine frau anfängt, von ihrer 'möse' zu sprechen, hat sie lediglich die ausdrucksweise linker männer übernommen. der zugang zu ihrer vagina, zu ihrem körper wie zu ihr selber bleibt für sie verschlossen wie zuvor. wenn sie mit diesen ausdrücken 'offen' über ihren körper und ihre sexualität spricht, heisst das nur, dass sie sich der art anpasst, mit der männer versucht haben, sexuelle tabus zu durchbrechen.

Wenn ich über heterosexualität schreibe, benutze ich die klinischen ausdrücke. sie sind neutraler, weniger beleidigend, verfremdender.

Die sprache versagt, sobald ich über neue erfahrungen berichten will. angeblich neue erfahrungen, die im geläufigen jargon wiedergegeben werden, können nicht wirklich neu sein. artikel und bücher, die zum thema sexualität verfasst werden, ohne dass das problem sprache behandelt wird, taugen nichts. sie erhalten den gegenwärtigen zustand.

Ich zerstöre vertraute zusammenhänge. ich stelle begriffe, mit denen nichts mehr geklärt werden kann in

frage oder sortiere sie aus. — beziehung, beziehungs-
schwierigkeiten, mechanismen, sozialisation, orgasmus,
lust, leidenschaft — bedeutungslos. sie müssen durch
neue beschreibung ersetzt werden, wenn ein neues
denken eingeleitet werden soll. jedes wort muss gedreht
und gewendet werden, bevor es benutzt werden kann —
oder weggelegt wird.
Mit dem wörtchen 'man' fängt es an. 'man' hat, 'man'
tut, 'man' fühlt...: 'man' wird für die beschreibung all-
gemeiner zustände, gefühle, situationen verwendet —
für die menschheit schlechthin. entlarvend sind sätze,
die mit "als frau hat 'man' ja..." beginnen. 'man' hat
als frau keine identität. frau kann sie nur als frau suchen.
Als ich über empfindungen, erlebnisse, erotik unter
frauen schreiben wollte, wurde ich vollends sprachlos.
deshalb entfernte ich mich zuerst so weit wie möglich
von der alltagssprache und versuchte, über lyrik neue
wege zu finden. naturvergleiche sind naheliegend. frau —
natur scheint ein abgedroschenes thema zu sein — von
männern abgedroschen und missbraucht. die natur selber
scheint ein abgedroschenes thema zu sein; sie ist vom
patriarchat zerstört worden. unser verhältnis dazu ist
ein gebrochenes, wir müssen es neu untersuchen.
Beim schreiben bin ich auf die sprache gestossen. das
klingt seltsam, doch es ist erstaunlich, wieviele leute
schreiben können, ohne mit der sprache selber in berührung zu kommen. in dem vorliegenden text konnte
ich noch nicht jedes wort drehen und wenden. ich musste
erst den weg dazu freilegen, indem ich einen bruchteil
meiner geschichte abgearbeitet habe. jetzt kann ich anfangen, systematisch über sexismus in der sprache, über
eine weibliche sprache, eine weibliche literatur zu arbeiten und genauer über das leben unter frauen zu berichten.

Berlin, im August 1975   Verena Stefan

SCHATTENHAUT

Aus dem winter unversehens in den grünfall der birken geraten. in Berlin bricht das birkengrün über nacht aus, gelblich aus einer andern welt phosphoreszierend. beim gewohnten gang zur u-bahn morgens scheint etwas verändert. ich erkenne erst, was es ist, wie ich die beginnende betäubung auf den birkenfall zurückführen kann. die erste freude und die hoffnung auf nun anhaltende sonnenwärme lassen mich aufatmen und lächeln. im nächsten blick aber fällt das grün wie leuchtfarbe in meine augen:

Was habe ich letztes jahr nach den tagen des ersten birkenfalls getan, habe ich überhaupt gelebt vom april letzten jahres bis zum märz dieses jahres? ich habe vergessen, dass es dieses grün gibt. die sonne nicht vergessen, nicht das frieren, das verlangen nach wärme, aber vergessen, dass im frühjahr noch anderes zum vorschein kommt als die sonne, dass es birken gibt, die ihre grünen schleusen öffnen.

Jedes jahr darüber fassungs los. anderswo blühten da bereits fleissig anemonen krokusse gänseblümchen, von forsythien ganz zu schweigen, aber nicht hier, in den strassen, in denen ich jetzt lebe (nicht mehr in den vorgärten), in diesen strassen sind die birken die ersten, die über nacht ausbrechen. nichts macht mir die zeit, die vergangenheit, die ungewisse zukunft, die zischenden jahre schärfer und schmerzlicher gegenwärtig. sieben jahre lang in Berlin in den birkenfall geraten. seit zwei, drei jahren schmerzt das grün in den augen. hastig gehe ich die birkenfälle durch. ich muss mich erinnern können, woran soll ich mich jetzt sonst halten? nun beginnt mein neues jahr. dieser grün leuchtende schock ist in meiner zeitrechnung, was im kalender mit 'silvester' bezeichnet wird. ich bekomme beklemmungen, weil ich mich an das letzte jahr nicht erinnern kann.

Das lebensgefühl, das im birkenfall ausbricht, ist nicht für alle tage. nicht alle tage kann ich so leben, junge frau ging plötzlich auf der strasse in flammen auf.

Wochen später, wenn die kastanien in der schlossstraße ihre lichter aufstecken, auch über nacht, habe ich mich etwas beruhigt. weitere wochen danach, wenn wir nachts unter der grossen kastanie beim bier sitzen können ohne zu frieren, hat der all tag mich in seinen lauf genommen, bald wird der erste schnee fallen, von mir unbemerkt.

Auf dem nachhauseweg komme ich an einer kneipe vorbei. an einem tisch unmittelbar am gehsteig, sitzen zwei männer und zwei frauen. einer der männer stutzt, wie er mich sieht. er macht zu den andern eine bemerkung; sie drehen sich nach mir um.

Ich trage einen langen rock, darüber ein ärmelloses unterhemd. in einer hand halte ich eine tasche mit drei flaschen wein. der mann lehnt sich über die balustrade und starrt mich unverwandt an. ich starre unverwandt zurück, während ich näherkomme. etwas alarmiert mich an dieser situation mehr als sonst. der mann gafft nicht lüstern oder genüsslich, sondern er macht ein eindeutig empörtes gesicht. wie ich an ihm vorbeigehe, sagt er aufgebracht: also, sag mal, mädchen, wo hast du denn deine brust hängen?

Meine wirbelsäule spannt sich. der mann ist doppelt so gross und so breit wie ich, ausserdem angetrunken. die andern haben beifällig gelacht. zwei schritte später pfeift es scharf an meinem ohr vorbei. im augenwinkel nehme ich vier männerbeine wahr und höre, nachdem der pfiff ausgestossen ist: donnerwetter, die hängen ja!

Ich ducke mich zum sprung. und dann? ich hole zum schlag aus. wie schlage ich zu? noch fünf schritte, und ich kann die schwere haustüre aufstossen, setze beim briefkasten die tasche ab, nehme die post heraus, gehe durch den hinterhof zum seiteneingang, steige die zwei treppen hoch, schliesse die wohnungstüre auf, begebe mich in die küche, öffne den kühlschrank, lege die drei flaschen wein sorgfältig hinein, lasse die türe zufallen und sehe mich mit hängenden armen in der küche um. meine brüste liegen am brust korb, warme, sonnengefüllte kürbisse. darunter hat sich in kleinen rinnsalen schweiss angesammelt, der sich jetzt tropfen für tropfen löst.

Es ist mittag. in acht stunden werde ich eine gruppensitzung haben, wie bewahre ich mich bis dahin auf?
mein blut tritt schwarz über die adern. ich muss mich
setzen. einmal zurück schlagen können, nicht ständig
empörung um empörung in mir aufschichten! was soll
ich jetzt an der schreibmaschine? buchstaben sind kleine,
dunkle zeichen, fremde lebewesen, die durcheinander
krabbeln. ich wische sie vom tisch. ich kann sie sortieren,
wenn ich davon ausgehe, dass es sinnvoll ist, es zu tun.
ich kann mich zu ihnen auf den boden setzen und einige
heraussuchen. diese kann ich so aufreihen, dass sie nacheinander ergeben, wenn andere das aneinander reihen
lesend nachvollziehen

W   A   N   N   K

    O   M   M   T

D   E   R   T   A   G

    A   N   D   E   M

F   R   A   U   E   N

Ich schiebe die buchstaben wieder zusammen. als ob das aneinander reihen diesen tag näher bringen würde! als ob der aufstand der frauen sache eines tages wäre! er besteht aus vielen einzelteilchen, fortwährend.

Ich reihe neue buchstaben aneinander. in der kneipe trinkt der mann unterdessen selbstzufrieden sein bier aus. vielleicht unterhält er sich mit den andern immer noch über meine brüste, während ich auf dem boden sitze und buchstabiere.

In den jahren vor schulbeginn gab es eine zeit, in der ich mich abends in der küche wusch. ich bekam eine schüssel mit warmem wasser hingestellt und blieb allein mit mir. im wohnzimmer nebenan legten die stimmen der eltern die ereignisse des tages beiseite. in einer dieser abendlichen stunden war es, dass das gefühl, tatsächlich lebendig zu sein, sich so heftig in mir ausbreitete, dass ich regungslos stehenblieb. sekundenlang spürte ich deutlich jede faser und jede pore der haut, die meinen körper umschloss. blitzschnell flossen die prickelnden poren wieder zu einer ganzheitlichen empfindung zusammen, die neu für mich war. so muss es gewesen sein, als der erste mensch geschaffen wurde, dachte ich. genau so muss sie sich gefühlt haben! von da an wartete ich jeden abend auf das schöpfungsgefühl, wartete darauf, jeden abend neu geschaffen zu werden.

Da war der schmerz — sollte es soweit sein?
Es war bereits der dritte versuch, den ich unternahm,
um endlich defloriert zu werden. mittlerweile war ich
beinahe zwanzig jahre alt geworden. so konnte es nicht
weitergehen.
Der letzte stammesritus wird allein geplant und entschieden, isoliert durchgeführt. als anleitung nur eine
bruchstückhafte überlieferung von schmerz und blut.
Ich hatte es mir nicht so kompliziert vorgestellt.
Irgendwie hing das alles mit meinem körper zusammen.
dieser war auch kompliziert. ich schleppte leblose teile
an ihm herum. er entsprach nicht den vorschriften. er
sah nicht jugendlich aus. er hatte keine gute figur.
Mein körper kam mir alt vor; altertümlich in seinen
formen. ich verkroch mich in weite, dunkle pullover und
röcke. in meinen tagträumen war ich stets 'gut gebaut',
schmal, flach und passte problemlos in konfektions-
grössen hinein.

Ich kannte menschen, die mein körper bewusst sein
schulten. ich versuchte, meine füsse mit ganzer sohle auf
dem boden aufzusetzen und von den haarwurzeln bis
in die zehenkuppen hinein zu atmen, in jedem augen
blick des lebens voll da zu sein, nicht in gedanken bereits
beim folgenden, nicht im eilen von einem augen blick
zum andern lebend, sondern: hier und jetzt.
Das war ein aufschub, der beginn einer grundlage. obwohl ich zeitweilig ein gefühl dafür bekam, dass ich
meinen körper rundum bewohnen konnte, wurde ich
doch stückweise daraus ausquartiert. der stolz auf den
ersten büsten halter, den ersten hüft gürtel und den
ersten lippenstift! anleitungsriten und vorbilder rückten
von allen seiten an mich heran.

Die sehnsucht nach dem mann meines lebens hatte sich bereits tief in mich eingefressen. Ines, mit der ich zu der zeit viel zusammen war, war anders. sie ging mit keinem, sie ging mit sich. einmal sprachen wir andeutungsweise darüber. wir sassen nach der schule in ihrem 2 CV — sie hatte als erste in der klasse den führerschein gemacht — es regnete in strömen. Ines sprach stockend. sie fürchtete, nicht normal zu sein, fühlte sich zu männern nicht hingezogen. etwas stimmte nicht mit ihr, meinte sie. sie litt darunter. das wort homosexualität fiel nicht, ein unbehagen blieb.

Ines wagte den sprung. in den sommerferien verschwand sie, allein, um zu trampen. da waren wir sechzehn/siebzehn. vorher kauften wir zusammen ihre ersten tampons. für alle fälle, meinte sie. ein dürftiger versuch, sich gegen vergewaltigung zu schützen.

Meine pionierzeit mit Ines war kurzatmig. ich fühlte mich unvollständig mit ihr, unerfüllt, trotz gemeinsamer erfahrungen und gedanken. ich wehrte mich gegen eine eigenartige bewunderung und bedrängung von ihr. es war mir peinlich. Ines war doch eine frau — wie hätte sie meinem leben einen sinn geben, wie hätte sie mich erobern sollen?

Das erste mal, als ich ernsthaft an defloration dachte, fand kein richtiger versuch statt, obwohl ich es mir fest vorgenommen hatte. liebe konnte die angst davor nicht beseitigen. die gefühle, die ich schon lange für einen mann angesammelt und bereit gehalten hatte, reichten nicht aus, um das problem sexualität zu entschärfen.

Der penis wucherte fremd aus dem männlichen körper heraus, mit nichts vergleichbar. ich befürchtete nicht in erster linie, schwanger zu werden, sondern war von dieser schlenkernden wucherung abgestossen. trotzdem bereitete ich mich sorgfältig auf den ersten koitus vor.

11

die unerfahrenheit konnte schliesslich nicht ewig andauern. die zeit stand still, als ich den weg zur arztpraxis entlang ging. die ärztin hielt mir einen vortrag über mutterschaft und warf mich hinaus. Bern, 1965, da war es noch schwierig, die pille zu bekommen. ich war erleichtert, dass das leben vorläufig wie bisher weiterging.

Das problem aber blieb bestehen.
Es war längst nicht mehr eine frage von liebe. auch glaubte ich nicht, dass ich dadurch erwachsener werden würde, aber mann würde mich als vollwertig behandeln.
Am sichersten wäre ein erfahrener mann, dachte ich. ich hatte genügend über die wichtigkeit von einfühlsamkeit und geduld gelesen. ein dreissigjähriger bekannter, der mir ab und zu von seinen liebesabenteuern erzählte, schien mir vertrauenswürdig genug, um das ereignis zu wagen.
"Nein, das mache ich nicht!" rief er und sprang verschreckt hoch. "Vom ersten mann wirst du nie mehr loskommen, das weisst du doch. das kann unabsehbare bindungsfolgen haben..." ich verstand ihn nicht. diesmal hatte ich mich wirklich entschieden. nach einigen wochen entschloss er sich doch dazu. "Also gut", meinte er, dem plötzlichen bedürfnis nach einem koitus erliegend. "Du musst ja mal defloriert werden, und es ist sicher besser, wenn ich das mache, als irgendein brutaler mann..."
Er schwärmte für ganz junge, knabenhafte mädchen.
"Du brauchst dich nicht auszuziehen", wehrte er zu meiner erleichterung ab, als ich in unterrock und büsten halter vor ihm stand. schwer atmend lag er dann auf mir. er hatte mich noch gewarnt, dass ich nicht mehr 'ohne' sein könnte, wenn ich einmal damit angefangen hätte. weit entfernt in meinem unter leib stiess der penis an etwas straff gespanntes, das nicht nachgab.

Ich bekam keine luft, konnte mich nicht bewegen. ich hasste es, nach luft schnappen zu müssen. er versuchte, zärtlich die haare auf meinem kopf zu streicheln, fragte mehrmals, ob es mir spass machen würde. ich nickte, wusste, dass er bestätigung wollte. "du hättest dich besser bewegen können", meinte er abschliessend. ich zuckte zusammen. wie denn, ich hatte mir die bewegungen doch ausdenken müssen. ausserdem war das ganze umsonst gewesen. ich war nicht defloriert.

Der dritte versuch dauerte drei nächte. danach blutete ich nicht mehr, und der schmerz liess nach. ich war verliebt. er machte sich nichts daraus, dass ich noch jungfrau war. diese gelegenheit musste ich ergreifen.

Ich blieb einige atemzüge lang im zimmer stehen, bevor ich mich zu ihm ins bett legte. dass mondlicht durchs fenster kam, schien mir ein gutes zeichen zu sein. ob ich mich ganz ausziehen sollte? seine aufgabe, entschied ich. ob ich vor seinen augen bestehen würde? im bad vorhin hatte ich fröstelnd an mich gedacht, während ich mich noch einmal kämmte und im nacken einen tropfen parfum verstrich. draussen im öffentlichen leben konnte ich die aufmerksamkeit auf das schmale gesicht lenken, die kleinen hände, lächelnd. doch jetzt ging es um brüste und becken und beine. es gab keine möglichkeit, etwas zu vertuschen.
Eine weile lagen wir bewegungslos nebeneinander. — wo waren die anderen frauen? die urwaldtrommeln verstummt. der kreis der frauen in alle winde zerstreut, die gespräche am brunnen erloschen, verkümmert in der dauerwellensprache (hast du von natur aus so krause haare, oder hast du eine dauerwelle? — nein, ich habe von natur aus ganz langweilige spaghettihaare — ja, ich

auch! — aber die dauerwelle hat mir die haare völlig kaputt gemacht — ja, mir auch! ich möchte jetzt wieder ganz glatte haare haben). — er gelangte mit drei hastigen küssen über schultern und hals zu meinem mund. die welt gehörte mir, die männer würden mir zu füssen liegen.

"Kannst du heute?" fragte er.

Daran hatte ich nicht mehr gedacht. ich nickte, rechnete dann fieberhaft. hatte ich in den letzten monaten meine menstruation überhaupt im kalender eingetragen? egal, das erste mal würde sicher nichts passieren.

Feuchtigkeit und kühle zwischen den beinen. ist das nass von ihm oder von mir? wie er schläft, rutsche ich verstohlen zur seite, betrachte das laken. der mond, der einzige, auf den noch verlass ist, leuchtet mir. ich sehe dunkle flecken. es scheint geschehen zu sein. doch der schmerz hält auch in der folgenden nacht an. dauerte es immer so lange?

Tief in den bauch hinein atmen, locker lassen locker lassen, nicht die luft anhalten, gleichmässig weiteratmen, in den ort des schmerzes hinein, das bisschen schmerz werden *wir* ja wohl aushalten! sagt der gynäkologe bei der strichkürettage, nachdem er das intrauterinpessar entfernt hat. für sowas können wir keine narkose geben, was bilden sie sich denn ein. ein 'strich' ist doch keine sache!

Und hinein fährt er mit dem kalten metall, durchstösst die öffnung des muttermundes, schabt einmal an den höhlenwänden entlang — fünf sekunden, zehn?

Wie halten frauen das bei einer vollständigen abtreibung aus, ohne narkose? mir ist übel. wieder bekomme ich zuwenig luft. soll ich bei jeder gelegenheit nach luft schnappen müssen? der gynäkologe streift sich nachlässig die handschuhe ab, setzt sich breitbeinig auf den schreibtischstuhl und greift zum diktiergerät: "die patientin..."

Den entschluss, mir ein intrauterinpessar einsetzen zu lassen, traf ich nicht allein. er entstand bei der arbeit am 'Frauenhandbuch Nr. 1'. bis dahin hatte ich die pille geschluckt, vier jahre lang. der arzt, der sie mir schliesslich verschrieben hatte, machte mich darauf aufmerksam, dass ich zu krampfadern neigte. ich machte regelmässig eine pillenpause, schluckte sie aber ansonsten unentwegt weiter bis zu dem abend in Berlin, an dem Samuel besuch bekam. "heute kommt eine umheimlich dufte genossin", sagte er. meine gebärmutter zog sich zusammen. seine ankündigung hiess, dass die genossin über grosse politische erfahrung verfügte, sonst hätte er sich nicht zu dieser auszeichnung verstiegen. er würde angeregt mit ihr diskutieren, ich würde zuhören. sie wollte mit Samuel über die pille und die politik der pharmazeutischen industrie sprechen.
Ich war bei dem gespräch nicht abseits, wie es sonst bei seinen bekannten und freunden der fall war. ich staunte über das wissen, das sie als nicht-medizinerin hatte. sie schrieb mit andern frauen an einem buch über abtreibung und verhütung und erzählte uns von einer frau, deren gebärmutter völlig geschrumpft war, seitdem sie die pille schluckte.

"Eigentlich habe ich gar kein gefühl für meinen unter leib", sagte ich, "ich habe noch nie über die inneren, weiblichen organe nachgedacht. wenn ich mir das so überlege, würde es mir nichts ausmachen, wenn meine gebärmutter schrumpfte, ich hätte dann ruhe —"

Samuel wühlte in seinen aktenordnern. das 'pillenproblem' schien ihm geläufig zu sein (er interessierte sich für die profite der pharmazeutischen industrie). wieso sprach er nicht mit mir, die ich die pille schluckte, darüber?

Ein paar monate später stand mein entschluss fest, das neue plastik-T mit dem kupferdraht auszuprobieren. ich dachte an die krampfadern. seit ich im krankenhaus arbeitete, hatte ich oft gestaute beine.

Samuel war im urlaub, ich sprach mit ihm nicht viel darüber. die entscheidung traf ich mit den frauen von 'Brot ♀ Rosen', mit denen ich inzwischen zusammenarbeitete. am tag, an dem mir das pessar eingesetzt werden sollte, fand in Köln das Tribunal der frauengruppen gegen den § 218 statt. die beiden daten waren zufällig zusammengefallen. da die wartezeiten im klinikum so lange waren, wollte ich das einsetzen nicht hinausschieben.

Samuel war aufgebracht. er fand es medizinisch verantwortungslos, dass ich hinterher gleich nach Köln fliegen wollte. ich blieb dabei. ich konnte mich des gefühls nicht erwehren, dass er mich eigentlich vom Tribunal abhalten wollte.

Das einsetzen verlief schmerzlos. danach, als ich mit Samuel noch kurz beim frühstück sass, begann ein ziehen unten im becken wie bei der menstruation. die gebärmutter krampfte sich zusammen.

Samuel fuhr mich zum flughafen, schweigend. den tränen nahe, sagte ich schliesslich, wenn ich seine anteilnahme wirklich einmal bräuchte, wäre auf ihn kein verlass. er meinte, wenn ein mensch so uneinsichtig wäre wie ich, könnte er von ihm aus verrecken.

In Köln kümmerten sich die andern frauen um mich, wollten genau wissen, wie es gewesen war, und ob ich schmerzen hatte. nach ein paar stunden liessen die krämpfe nach, für die dauer des Tribunals war ich ohne beschwerden.

Ich konnte nie nachsehen, ob das pessar richtig lag. die selbstuntersuchung kannten wir noch nicht. ich wusste nicht, wo der muttermund lag, wie er aussah, woran der penis manchmal stiess. die vagina — ein dunkler schlauch? was kam danach? gab es perlen in der tiefe des körpers, korallenriffe?

Konnte die verloren gegangene eigenkörperlichkeit durch die hände eines geliebten wieder zum leben erweckt werden? war es nicht das, wonach wir suchten, während der ärmlichen dauer einer nacht, der sekundenschnelle eines orgasmus / was ist ein orgasmus? einmal überall hin atmen können, bis unter die schulterblätter und in die beckenschalen hinein, spüren, warm werden, *sein*. alle falten des körpers öffnen, nicht mehr zusammenziehen und anspannen müssen.

Ein ganzer mensch werden.

Ob ich über sexualität die auseinander gerissenen zusammenhänge von kopf bis fuss neu erahnen würde?
wenn ich in einer umarmung die anspannung aller muskeln spüren und die lockerheit danach auskosten könnte,
wenn ich mich beim berühren anderer haut von ferne
der eigenen erinnerte — würde ich sinne ausleben, die
sonst nicht zu worte kamen? könnte ich einen andern
menschen *erkennen*? wäre es möglich zu erkennen, *auf
welche art* der andere mensch existierte?

"Du bist noch nicht soweit", sagte er.
"Du hast keinen orgasmus gehabt."
Ich erstarrte. woher wollte er das wissen?
Es war die dritte nacht, in der wir miteinander schliefen.
wieder hatte ich schmerzen gehabt, auf dem laken lag
noch blut.
"Doch!" behauptete ich fest, "ich hatte einen!" schnell
umdrehen, die schützende decke an mich ziehen und
nachdenken. was ging es ihn an?
Ich würde üben und üben, irgendwie würde ich es schon
schaffen.

Die frau, die sich im koitus mit bewegt
kommt von weit her
schau sie genau an
die frau, auf der ihr liegt!
hinter ihr tun sich wüsten und abgründe auf.
sie hat lange strecken von vergessen zurück
gelegt, herzbrocken im geröll verstreut, felsen
vor frische wunden geschoben
ihre gefühle sind abgemagert.
jahre auf der eisdecke eurer ängste zugebracht
die zacken der gefühlsarmut gerundet so sanft
so samten so weich.
sie trägt ein meer
von angestauten orgasmen in sich, das sie
zu keinen lebzeiten wird ausgiessen können
die zeit drängt, die gedanken brennen, sie ist
eine ruferin in der wüste, die frau
auf der ihr liegt
schau sie genau an!
nicht dieser warme körper
unter euch
ist wirklichkeit
was ihr für wirklich haltet, ist nur ein augen
blick, ein innehalten zwischen
vielen wirklichkeiten
davor und
danach

In augenhöhe flimmert die feinkörnige wellenlinie des sommers. nach dem abitur war ich endlich unterwegs. die reise begann mit Ines, doch es geschah nicht mehr viel zwischen uns. wir hatten uns auseinander gelebt. meine jahre mit dem ersten mann machten sich bemerkbar. er war zum brennpunkt meines denkens geworden, meine fantasie hatte gelitten. Ines fand mich langweilig. wir trennten uns bald.

Ich versuchte, schritt für schritt fuss zu fassen in der welt. ich wollte alles erleben, mich allem aussetzen, mich prägen lassen. offen bis zur selbstaufgabe, anpassungsfähig bis zur vernichtung, tastete ich mich nach süden vor. die erste angst wich allmählich, ein hartnäckiges und unbestimmbares unbehagen, aber war nicht zu vertreiben. ich beherrschte die welt nicht, ich war gast. es war fremdes territorium, auf dem ich mich befand. ich hatte mich unbemerkt eingeschlichen, ich hatte gewagt, mich allein zu bewegen — was aber würde geschehen, wenn mann mich bemerkte?

Ich lächelte ununterbrochen. geheimnisvoll lächelnd in der welt um asyl bitten, bittenden auges die zulassung erfragen, mit leiser stimme wohlklingend unterwürfig. unterlasse ich das lächeln und schaue einen mann, der mich belästigt, zornig an oder werde handgreiflich, so bin ich 'zickig', 'unverschämt' — und gefährdet.

Ich stehe am Wittenbergplatz und warte auf das grün der ampel. in der linken hand trage ich eine tasche, die mit lebensmitteln angefüllt ist, in der rechten eine grosspackung mit toilettenpapier. ich spüre im rücken, dass zwei männer an mich herantreten und blicke über die schulter zurück. in dem moment fasst der mann links von mir voll in meine haare, die hennagefärbt über den schultern liegen, lässt sie prüfend durch die finger gleiten und sagt zu seinem freund: prima haare! ich wirble herum und schleudere ihm die tüte mit dem toilettenpapier ins gesicht, ein guter, langer hebelarm. dann ist meine kraft erschöpft, mit weichen knien gehe ich über die strasse. mein arm jetzt bleischwer, ich kann ihn nicht mehr anheben. die beiden männer folgen mir, empört fluchend und mich als sau beschimpfend, weil ich gewagt habe, mich zu widersetzen. auf der andern strassenseite drehe ich mich noch einmal um, zische, sie sollen die klappe halten. sie würden am liebsten auf mich losgehen, aber es ist hellichter tag, auf der strasse gibt es menschen, die beiden sind ausländer. wie ich in der u-bahn sitze, betrachte ich erbittert meine kleinen hände. allein mit ihnen hätte ich nicht einmal den einen schlag geschafft. ein all täglicher vorfall. eine all tägliche behandlung einer kolonisierten in einer stadt der ersten welt. vermutlich habe ich eine schönere wohnung, mehr soziale kontakte, erträglichere arbeitsbedingungen als die meisten ausländer in west-berlin. aber jeder in- oder ausländische mann kann mich, ungeachtet seiner lebens- und arbeitsbedingungen, täglich und stündlich auf irgendeine weise missbrauchen. habe ich bessere lebensbedingungen, weil ich unter umständen eine schönere wohnung habe als mein vergewaltiger?

Damals hatte ich lange blonde haare. klein war ich immer, es war leicht, einen arm um mich zu legen. mir war klar, dass ich beim trampen eine andere frau suchen musste, wollte ich einigermassen ungeschoren durchkommen. es gab keine andere frau. wie sollte ich allein die welt er fahren? es war gefährlich. mich mit einem mann einzulassen, hiess, komplizin seiner wie auch immer gearteten sexualität zu werden. das war ebenso gefährlich. wieso konnte ich nicht unbehelligt unterwegs sein, war mir der unmittelbare zugang zur welt versperrt! da war ich noch so neugierig, dass ich zumindest versuchte, allein die welt zu er fahren. später verengte sich mein zugang ausschliesslich auf mittelsmänner. bis Athen kam ich ohne koitus durch. in der jugendherberge gab es endlich frauen, die auch allein waren, eine schwarze amerikanerin und eine inderin. keine, die nach nordeuropa wollte. Athen im august, die hitze floss in strömen an mir hinunter. jetzt im süden verschellen, mich auflösen in einen tag ohne ende, den urlaub vom norden abbrechen und den unendlichen tag ohne kälte beginnen!

Das wohlbehagen war von kurzer dauer. allmählich breitete sich eine angst in mir aus, niemanden zu finden, mit dem ich zurücktrampen konnte. ich wäre nicht in der lage gewesen, mich an einer der ausfahrtsstrassen Athens allein hinzustellen. in der not verliebte ich mich in einen weltenbummler. mit ihm reiste ich quer durch Europa bis nach London hoch. dort hatte ich einmal mit Ines gute wochen verbracht, einen sommer ohne komplizenschaft. furchtlos. dieses mal war die stadt zu.
Ich merkte, dass sie mich durch ihre strassen spülte, aber ich bekam keinen zugang. ich begann, menschen zu suchen, die selber schon mittendrin waren. am Picadilly schloss ich mich einmal einer unbekümmerten gruppe an und fuhr mit zu ihrem haus. wir tranken tee, rauchten hasch und hörten musik. sie fuhren noch an diesem abend in urlaub. ich strich weiter der stadt entlang, verlor ständig die sandalen.

In der subway — ich sog den schwarzen, teerigen geruch tief ein, er war wirklich — sprach mich ein amerikaner auf das blauverblichene hemd an, das ich trug. ich lächelte erleichtert. wir verabredeten uns für den abend. beim umsteigen, auf der treppe von einem fuss auf den andern tretend, küsste er mich plötzlich. ich wich zurück, er wieherte, schäumte über vor lebensfreude, war nur ein scherz, baby. mind the doors! wenigstens einen abend in der stadt, in ruhe vor allen andern, mit einem von ihnen, ist das so unbescheiden? ich stand bettelnd vor mir.

"Das ist doch unglaublich, ein mädchen, das allein in urlaub fährt und keine lust hat!" hatte sich der eine autofahrer in Saloniki empört. "Bist du sicher, dass du nichts brauchst?" ich blieb verständnislos. ich hatte keine sexuellen bedürfnisse. ich wollte fremde länder sehen.

Die lebensbedingungen, die mir zugewiesen waren, blendete ich so vollständig aus, dass ich die tatsächlichen ereignisse nicht mehr entsprechend einschätzen konnte.

Der amerikaner bezahlte meine kinokarte. er kaufte eine flasche brandy. ich schluckte die pille. nach dem kino hatten wir essen gehen wollen. später, sagte er, wir können uns doch erst gemütlich zusammen setzen, nich? er wohnte im hotel. wir unterhielten uns freundlich. wir können doch ein bisschen näher zusammen rücken, dann lässt sich's besser reden, nich? er war dick und gemütlich hässlich. noch nie hat brandy so gut geschmeckt.

Ich will nicht. neinein, keine angst, ich mach ja auch gar nichts. aber es macht doch spass, sich ein bisschen anzufassen, nich? die brandyblasen legen sich heiss an den gaumen, ziehen sich kurz zusammen, um durch die kehle zu gelangen und platzen im körper. ich will nicht. alles ist schwer und zäh geworden. die beine kleben aneinander, ich kann sie nicht bewegen. ich spüre sein lästiges gewicht, tonnen auf dem schweren brandy. er flucht, ich kotze schwallweise ins waschbecken. bis zur toilette habe ich es nicht mehr geschafft, jetzt liegt der goldene brandy im waschbecken. so etwas ist ihm noch nie passiert, ein mädchen, das kotzt. ich würge auch in der subway weiter, zwischen den mühsam geöffneten augenlidern das angewiderte gesicht einer englischen dame mir gegenüber. erst rechts sehen, dann links auf der strasse, nicht wie bei uns. alle türen öffnen und schliessen sich von selbst. irgendwann wache ich auf, es ist halb drei. verrückt, wenigstens durchschlafen möchte ich jetzt können. ich taste mich ins bad, um meine sachen zu waschen. ich habe über das verblichene blau erbrochen. danach kann ich nicht mehr ins zimmer hinein, ich habe den schlüssel von innen stecken lassen. ich wandere durch das grosse haus durch fliessendes licht leere flure streifende schatten wände türen. im aufenthaltsraum rolle ich mich auf einem sofa zusammen. durch die halboffene tür zum garten weht kühle morgenluft herein. es gibt keine decke, meine füsse werden eiskalt. wärme wird erst in einigen stunden kommen. ein wort geistert in mir umher. ich versuche immer wieder, es auf den vorangegangenen abend zu heften, aber es passt nicht. der abend quillt in einer braunen lache darunter hervor. die vierzehn buchstaben vergewaltigung gehen darin unter.

Übers jahr fahre ich mit Dave, den ich seit einigen wochen liebe, durch Berlin. wir haben uns zufällig getroffen, er nimmt mich ein stück im auto mit. ich komme vom ohrenarzt und habe schmerzen von einem abszess. es ist sommer, ich trage ein kleid.

Unterwegs bekommen wir lust, miteinander zu schlafen und gehen zu ihm nachhause. durchs geöffnete fenster weht leichte sommerluft an meine beine, wie wir erschöpft daliegen. dabei muss ich mir eine blasenerkältung geholt haben.

Unterwegs heftet er seinen blick öfter auf meine blossen knie, legt schliesslich eine hand darauf und fragt, ob ich lust habe, mit zu ihm zu kommen? (geh nie mit einem fremden mann! — aber ich liebe ihn doch!) ich nicke, wir fahren zu ihm. etwas klappt nicht, der penis rutscht hinaus, Dave wird ungehalten. mein ohr schmerzt (das bisschen schmerz wenn er mich will!). ich gebe mir mühe, alles richtig zu bewegen, bis er einen orgasmus hat. durchs geöffnete fenster weht leichte sommerluft an meine beine eisig. dabei muss ich mir eine blasenerkältung geholt haben.

Die betrachtung der dinge hängt sehr von den umständen ab. liebe ist oft nichts anderes als eine schreckreaktion. eine reaktion auf den schreck, dass die wirklichkeit so brutal anders ist, als die vorstellung von ihr. durch liebe lässt sich brutalität eine weile vertuschen. liebe ist oft nur die beschichtung von abhängigkeiten aller art, von der abhängigkeit beispielsweise, die bestätigung durch einen mann zu brauchen. eine schicht liebe kann abhängigkeiten eine weile verbrämen. liebe ist eine tausendfache verwechslung von begehrt sein und ver-gewaltigt werden.

Ein mann, der im allgemeinen bedrohlich ist, soll im einzelnen liebens wert sein. ein männlicher körper, der im allgemeinen gefährlich ist, soll im einzelnen lust voll werden. mit diesen schizophrenien ist unser all tag be-deckt. eine frau allein kann kaum überleben, wenn sie sich nicht verleugnen will. unter der schirm herrschaft eines einzelnen mannes kann sie die bedrohlichkeit der andern für die dauer der schirm herrschaft vergessen.

Ich liebte Dave nach wie vor, als ich mit einer nieren-beckenentzündung im krankenhaus lag. er bedauerte, dass wir eine weile nicht miteinander schlafen konnten. ich auch. ich brauchte ihn, weil ich mich nicht hatte.

Einen mittelsmann zur welt haben. je verwegener und unnahbarer er war, desto stärker wob ich die komplizen-schaft, umso mehr glaubte ich, einen hauch von 'freiheit und abenteuer' zu schnuppern. doch er bestimmte, wann ich mit ihm hinausgehen durfte, er öffnete und schloss die türen zur welt. ich lehnte am fensterkreuz und wartete auf die rückkehr des abgekämpften, einsamen helden. ob müde vom dienst, von der gewerkschafts-sitzung, vom fussball, vom denken oder braungebrannt aus dem urlaub: ich nahm ihn auf, ich pflegte und stärkte ihn.

Angefüllt mit inneren werten, schicht für schicht. stumm
und sinnlich, einfühlsam und verständnisvoll.
"Du stellst keine besitzansprüche", sagte Dave.
"Das trifft mann selten bei einer frau." keine übung, keine
tradition im reden, keine ansprüche. reden ein stummer
wunsch.
Eine welt für sich, die glättende innenwelt. die trennung
zwischen innen und aussen wird täglich neu hergestellt.
diese arbeitsteilung ist in alles eingedrungen, bis ins
knochenmark des revolutionärsten / was ist revolutionär
genossen hinein. er wird sich hüten, dagegen etwas zu
unternehmen, denn es geht um seinen penis. heim und
herd sind als requisiten für die trennung von innen und
aussen nicht mehr nötig. die prägung geht tiefer.

Frauen sind bessere menschen
als männer, behauptete Dave, sie sind
demokratischer humaner diplomatischer
alle frauen sind schön! er sagte auch:
ihr müsst anfangen mit der revolution
männer werden von selbst nichts
verändern. sie haben so viel zu tun.

Unter meiner haut begannen, neue risse entlang zu laufen. ich bemerkte sie sofort, unternahm jedoch nichts
dagegen. ich war fasziniert und unschlüssig, hatte jedoch
das unbehagliche gefühl, erneut vor einer plünderung zu
stehen.
Der erste winter in Berlin war lang und aussergewöhnlich kalt. das gepäck, mit dem ich angekommen war,
enthielt eine besinnung auf mich selber, einen spürbaren
entzug. die mühsam gelernten handgriffe zur durchführung eines koitus waren mir entfallen. der taumel
der ersten liebe weit zurück misslungen, in hass verendet.
nie mehr wollte ich mich so nahe mit einem menschen

einlassen! an heirat dachte ich schon lange nicht mehr,
das war 'bürgerlich'.

Ins dickicht der städte jetzt, mittendrin sein! ich nahm
mir vor, mich keiner zerstörung mehr auszusetzen. gefühle waren sentimental... keine sentimentalität, keine
schmerzen. Ines und ich waren uns einig, dass wir vorsichtig geworden waren. wir verschenkten unsere herzlichkeit nicht mehr wahllos, nicht mehr grosszügig.
Sexualität wollten wir entmystifizieren. sie sollte eine
leicht zu nehmende angelegenheit sein, nicht mehr der
höhepunkt einer begegnung mit einem andern menschen,
sondern eine schwerelose möglichkeit, sich kennenzu-
lernen.

Der wecker erschreckte mich jeden morgen zu tode. der
waschlappen war oft gefroren. Ines studierte, sie hatte
ideen. ich hatte den wecker. wie rasant unsere verschiedenen leben uns noch einmal voneinander entfern-
ten! wenige wochen genügten. Ines hatte fantasie, ich
hatte eine existenz. die sesshaftigkeit war hartnäckig.
mach doch das diplom, sagte sie. drei jahre — was ist
das schon.
Ines stand auf, wenn ich schon aus dem haus gefallen
war und zum bus hetzte. die sonne begann, die keller-
wohnung zu wärmen. jetzt das radio andrehen, früh-
stücken, heizen, aufräumen und sich an den tisch vor
dem fenster setzen, um nachzudenken und zu produzieren!

Die geschichte mit Nadjenka warf sie hin und her, warf beide hin und her. sie sprach kaum darüber. über gesicht und körper breitete sie eine dichte schicht von du-weisst-von-nichts, du-verstehst-es-nicht aus. sie war öfter als früher in sich gekehrt, um den mund verfestigte sich manchmal ein zug von resignation und verbitterung, das feuer in ihren augen loderte umso stärker. wenn sie von ihren zerrissenen besuchen bei Nadjenka aus der Brd zurück kam, war es mit zorn und verzweiflung gemischt. sie versuchte, das gehege von Nadjenkas ehe einzureissen, es gelang ihr nicht. ich starrte angestrengt durch die kältenebel um mich herum auf die beiden. es passierte tatsächlich wieder, ich glaubte meinen augen nicht zu trauen. ein film lief vor mir ab. es kam mir alles bekannt vor, ihre sehnsüchte schmerzen verrücktheiten. der fernwehwind erhob sich, löste schmerzen in mir aus — sollten empfindungen noch möglich sein? die nächte waren kurz, der schlaf flach und zuckend. meine einsamkeit wurde unerträglich. eine fremde stadt, keine kraft, um menschen zu suchen. die liebe der beiden frauen begleitete mich, wurde nach dem ersten schock, dass es tatsächlich stimmte, selbstverständlich. die personen waren mir vertraut.

Ich dachte an das gespräch mit Nadjenka noch in Bern. ich sah sie unverwandt an dabei, wusste nicht, was mich an ihr so anzog. Nadjenka lacht, wenn sie richtig lachen kann, im flug. die langen hellen haare gehen mit ihr durch, ihre zähne überstrahlen die wolken. während wir sprachen, lagerte sich die bräunliche haut an ihrem hals unverrückbar in mir ab, und, ohne dass ich es wusste, war ich mir sicher, dass es möglich war, mich in sie zu betten. nie hätte ich damals so etwas zu ende gedacht! das gefühl, sie schon zu kennen, von früher um sie zu wissen, verstärkte sich mit der zeit.

"Du kannst ja nichts dafür, dass du weiss bist", sagte Dave.

Wir hatten uns im zwischenraum meiner hände getroffen. die guten hände von frauen, sie lindern die sorgen der männer, sie ziehen die kinder gross.

Dave war nicht krankenversichert, hatte kein geld, brauchte eine behandlung. ich wollte ihn kennenlernen. ich tat bei ihm zuhause nichts anderes als tagsüber in der klinik: krankes wieder herstellen. zerstörte arbeitskraft, beschädigte gefühle. die grosse heilkraft von frauen degeneriert im dienste unmenschlicher krankenhäuser und plünderischer abhängigkeitsverhältnisse zu zweit. ich kann mich kaum erinnern, dass mir je ein mann mit sanfter hand die sorgen von der stirne gestrichen hätte, wie ich es unzählige male tat. auch nach einem vollen arbeitstag mit physischer erschöpfung hatte ich stets eine leichte hand übrig für die sorgenbeladene, bekümmerte stirn eines mannes.

Dave's rassismus entging mir damals. wir beäugten uns wochenlang. manchmal sprachen wir ganz fröhlich davon, dass wir eines tages sicher miteinander schlafen würden. er bewohnte seinen körper mehr als die meisten weissen und war von deren abgestorbener sinnlichkeit überzeugt. wenn mir jetzt meine sinnlichkeit auch noch genommen werden sollte — was blieb dann übrig? als wir endlich zusammen schliefen, hatte er freie bahn. ich würde ihm beweisen, dass ich nicht eine verkümmerte weisse frau war.

Der alte weise mann hatte zwei praxisräume in einem grossen, spanischen gebäude mit innenhof: er besass heilende kraft in seinen händen. alle menschen, die zu ihm kamen, massierte er so lange und so ausgiebig, bis sie sich wieder ganz fühlten. die behandlungsliege stand in dem kleineren der beiden zimmer. ein bogendurchgang führte in den angrenzenden raum, der leer war.

Ich ging zu ihm, weil ich keinen andern ausweg mehr wusste. während er mich mit seinen warmen händen massierte, sass auf der andern seite der liege ein löwe, der zu ihm gehörte. es war ein aussergewöhnlich schönes, mächtiges tier. sein fell und seine mähne waren während der ganzen behandlung mit meinem körper in berührung. anschliessend nahm ich sein haupt in beide hände und strich kräftig an den seiten entlang. nichts in der welt hätte mich aus dem gleichgewicht bringen können.

Draussen wartete Dave auf mich. ich wollte noch in den grossen raum gehen, in den sich der löwe nach der behandlung zurückgezogen hatte. ich wollte ihn mir allein ansehen, ohne den alten mann. der löwe faszinierte mich so sehr, dass ich ihn am liebsten mit nach hause genommen hätte. der grosse raum war zum flur durch einen purpurnen vorhang abgetrennt. der schwere samt schluckte sämtliche geräusche, gedanken und gefühle, unterbrach jegliche verbindung zur aussenwelt. der alte mann sass reglos in sich versunken im kleinen zimmer.

Der löwe richtete sich auf, als ich eintrat. ohne den alten mann wurde er wieder zum raubtier und versuchte, sich auf mich zu stürzen, als ich langsam auf ihn zuging. ich hatte ihn nur noch einmal anfassen wollen. jetzt drehte ich mich in panischer angst um, wollte nach hilfe schreien, aber der purpurne vorhang erstickte den ton bereits in meiner kehle. ich machte immer wieder denselben schritt vorwärts, ohne mich von der stelle rühren zu können.

Eine kleine schwarze katze tapste in dem augenblick in das zimmer des alten mannes. sie war völlig unbedarft, etwas verschmitzt und hatte ein unglaublich seidenes, glänzendes fell. ich mochte sie sofort, aber verglich ich sie mit dem löwen, kam sie mir unscheinbar vor. als er sie entdeckte, liess er augenblicklich von mir ab, und ich konnte hinaus.

Dieser traum begleitete mich über jahre wie kein anderer. seine gegenwart verdichtete sich zu manchen zeiten, verflüchtigte sich zu anderen. der löwe verlor allmählich an bannkraft. die kleine katze — mein ich, meine sexualität — rückte in den vordergrund. nachdem ich lange genug anders zu leben begonnen hatte, konnte ich mich des löwen erinnern und ihm begegnen, ohne mich magisch angezogen zu fühlen.

Zu der zeit wurde mir bewusst, dass Nadjenkas helle haare schon lange an meinem lebenskreis entlang strichen.

Er bröckelte auf.

Ich verbrachte die nächsten jahre im tal der schlafenden frauen und fütterte mein herz eigenhändig noch an einen schwarzen und an einen weissen mann.

Nadjenka blickte mich nachdenklich an.

"Du liebst Dave zu sehr", stellte sie fest. "mir gefällt das nicht, wie sehr du ihn liebst."

Sie war wieder einmal bei Ines zu besuch. Ines versuchte nach wie vor beharrlich, Nadjenka nach Berlin zu holen. sie hatte schon eine wohnung gefunden und diese frisch gekelkt, als Nadjenka nein sagte, beziehungsweise klarstellte, sie hätte nie ja gesagt. sie befürchtete, sich zu heftig an Ines zu klammern, in ihrer ersten angst vor dem neuen leben auf sie angewiesen zu sein.

Neugierde und faszination — durch hautfarbe rasse nation, das eigene oder das andere geschlecht — reichen nicht aus, um sich menschlich verhalten zu können. die freude eines menschen an einem anderen besteht weder losgelöst von der gegenwärtigen, gesellschaftlichen situation, noch von der historischen und kulturellen herkunft. vom ersten atemzug ihrer begegnung an sind sie an allen kollektiven kämpfen der vergangenheit und der gegenwart beteiligt. die knechtung der farbigen durch die weissen, die knechtung der frauen durch farbige und weisse männer, die knechtung der homosexuellen durch die heterosexuellen schiebt sich von anfang an zwischen sie, wie sehr sie sich auch bemühen, so zu tun, als gäbe es nur sie beide auf der welt. die bürde unbewältigter und unerinnerter geschichte richtet sich zwischen ihnen auf. sie fechten kollektiv angelegte kämpfe in hochkonzentrierter form zwischen sich aus.

Auch wenn schwarze menschen ihren körper noch stärker bewohnen als viele weisse und dadurch die sehnsucht nach der verloren gegangenen sinnlichkeit in weissen menschen auslösen, heisst das nicht, dass es lustvoller ist, mit einem schwarzen mann zu schlafen oder dass er gar, aufgrund seiner eigenen unterdrückung eine frau wie einen menschen behandeln wird. selbst unterdrückt zu sein bedeutet nicht zwangsläufig, andere unterdrückte menschlich zu behandeln.

Die jahrtausendelange ahnenreihe, in der sich frau neben frau gerührt mit derselben kopfneigung über einen versteinerten mann beugt, besteht aus schwarzen weissen gelben braunen frauen und männern. die ordnung der ahnenreihe wird von der hautfarbe nicht beeinflusst.

Sexismus geht tiefer als rassismus als klassenkampf.

"Wie soll ich anfangen? was soll ich tun?"
Am beginn einer entwicklung, die üblicherweise 'politisierung' genannt wird, eingeleitet durch informationen von Ines, lektüre von Marcuse und jetzt Cleaver, Malcolm X, sass ich auf Dave's bett und fragte: "was soll ich *tun?*" er blickte kurz von seinem buch hoch: "unterstütz die 'Black Panther Party'!"

Wenn ich zu ihm kam, stand er gedankenschwer vom schreibtisch auf. ich hatte geduscht. er hatte gedacht.
"Ja, vielleicht liegt mir gar nichts an einem andern menschen", sann er einmal. "aber ich brauche manchmal auch wärme und feuchtigkeit."
Ein mensch, der wärme und feuchtigkeit braucht — was gibt es dagegen zu sagen?

34

Die bedürfnisse nach wärme und feuchtigkeit waren eigenständig geworden, tatsächlich losgelöst von dem menschen, mit dem sie verwirklicht werden sollten. der griff nach wärme und feuchtigkeit (nicht: nach wärme und zärtlichkeit) war der gleiche wie nach dingen, die *unabhängig von menschen greif- und benutzbar* waren: wie der griff nach einem buch, nach einem heissen bad, nach einem spaziergang. gekoppelt mit ungeduldigen anweisungen (zieh doch die beine an / mach doch den mund auf) und gefühlsstummheit wurde ihre umsetzung noch brutaler.

Nach wie vor kann ein mann seine verkümmerung in die vagina einer frau entleeren, ohne dass sie als person in seiner wahrnehmung vorkommt, ohne dass sie sich grundsätzlich wehren, darauf verzichten kann, auf ihn angewiesen zu sein: koitus ist ja nur ihr tribut für sicherheit, geborgenheit und gesellschaftliche anerkennung.

Dave bekämpfte die herr schaft der weissen über die schwarzen und stellte täglich die herr schaft der männer über die frauen neu her.

"Ich finde es einfach angenehmer, mit frauen zusammen zu sein", sagt Samuel. "wenn ich mich umsehe, wie diese gesellschaft aufgebaut ist — von der gewerkschaft über die polizei bis zu den ärzteverbänden besteht sie nur aus männerbünden — das ist doch grauenhaft!"
"Halt ein, Samuel",
unterbreche ich ihn, "du sprichst ja schon richtig männerfeindlich!"
"Nun", sagt Samuel, "so habe ich es natürlich nicht gemeint."

Ein wort wie 'männergesellschaft' hätte er früher nie in den mund genommen. wir sprechen darüber, dass frauen und männer zerstörerisch miteinander umgehen, was sich nirgends so nachhaltig wie in ihrer sexualität äussert.

Ich habe erfahren, dass veränderungen erst beginnen, wenn sexualität lange zeit ausgeklammert wird, und wenn frauen andere frauen und männer andere männer lieben lernen.

Wann werden männer anfangen, mit andern männern über ihr persönliches leben zu sprechen, andere männer zu berühren, wenn sie die wärme eines menschen spüren möchten? dafür sind frauen da. sie werden zwischen die männer geschoben, die sich, allein unter sich zerfleischen würden. frauen reden mit frauen und männern. sind sie nur mit frauen zusammen, gelten sie sogleich als männerfeindlich. frauenfreundliche frauen werden von männern als männerfeindlich definiert. aber es sind männer, die es ablehnen, sich mit andern männern abzugeben, sie gebärden sich männerfeindlich.

"Du kannst nicht verlangen, dass ich mich auch noch privat mit einem mann befasse!" wehrt sich Samuel.

Warum kann mann das dann von einer frau verlangen?

Samuel leidet unter dieser gesellschaftsordnung. sie macht es ihm schwer, zugang zu andern menschen zu finden. er zweifelt an sich. diese gesellschaft bringt ihn zur verzweiflung. er ist gerne mit frauen zusammen. ihn stört, dass überall in der öffentlichkeit mehr männer vertreten sind. die stimmung wird sofort angenehmer, sobald frauen hinzukommen.

Mich springen die blicke der männer an, krallen sich in die jeansfalten zwischen meinen beinen, wenn ich die u-bahntreppe hinuntergehe. pfiffe und schnalzende rufe setzen sich auf mir fest. die vielen spuren des tages abends unter der dusche unter der haut. langsamer fahrende autos, heruntergekurbelte fenster, bremsspuren. Eine frau allein, immer noch gast, immer noch allgemeinbesitz.

Ob krieg oder frieden, wir leben im ausnahmezustand.

Der herr der welt sitzt mir in der u-bahn gegenüber. vier männer auf einer bank, die für fünf menschen platz bietet, mit klaffenden beinen, wattierten schultern, die gespreizten hände auf den knien. rechts und links von mir breit stehende männerbeine. ich sitze eng an mich gerückt mit zusammengepressten knien. die beine sind geschlossen zu halten. sie sind nur zu öffnen bei einem wildfremden mann, der gynäkologe heisst und bei dem mann, mit dem frau imselben bett liegt. die übrige zeit sind sie geschlossen zu halten. die entsprechenden muskeln sind den ganzen tag anzuspannen. ich schliesse die augen. diese unterdrückerische haltung wegwerfen! so tun, als ob ich *unbehelligt* mit lockeren beinen sitzen könnte! ich fahre nur noch mit geschlossenen augen u-bahn.
Die übergriffe an mir bei tag und bei nacht sind unzählbar. dies ist nicht meine welt. ich will keine gleichberechtigung in dieser welt. ich will neben keines mannes brutalität und verkümmerung gleichberechtigt stehen.

Menschenfreundliche veränderungen werden sich erst anbahnen, *wenn frauen einzeln so stark sind, dass sie zusammen mächtig werden.*

37

"Frauen sind die schwarzen aller völker!" mit diesem schlachtruf brach ich auf, 'Das andere Geschlecht' von Simone de Beauvoir und das 'Manifest zur Vernichtung der Männer' von Valerie Solanas unter dem arm. ich war unter die schrecken patriarchalischer sexualität geraten, lange bevor ich wusste, dass ich in einer gesellschaft lebte, die eine kapitalistische wirtschaftsordnung hatte. als ich in politökonomie geschult wurde, verringerten sich die sexistischen schrecken keineswegs. obwohl ich begann, arbeit und arbeitsbedingungen, bedürfnisse und konsum, revolten, befreiungskämpfe und weltpolitik mit neuen augen zu sehen, wurde ich persönlich wie immer behandelt.

"Du machst es wie alle anderen", sagte Dave auf meine mitteilung hin, dass ich ihn nicht mehr sehen wollte.

"Du gehst weg, das ist nicht emanzipiert."

Emanzipiert?

Ich war geprellt worden. emanzipiert sein hiess bis dahin nur, spiegelbild der männlichen verkümmerung zu werden, meine gefühle und schmerzen und gedanken verächtlich als banal und sentimental zu verleugnen.

Nur weg von hier!

Erst zu mir gehen. Ich war ausgezogen, die welt zu erobern und dabei auf schritt und tritt über männer gestolpert. ich kaufte ein notizbuch und arbeitete 'Das andere Geschlecht' durch. da stand endlich schwarz auf weiss, was mich *betraf*. ich kochte. ich wollte den sofortigen umsturz. wenn männer das nicht einsahen, würden sie eben in einen inneren bürgerkrieg verwickelt werden —

wie wollten sie dann noch stark sein nach aussen?

Wer schuf diese gesellschaft, die frauen hasst?
wer spannte die angst
in lianen durch die strassen, damit wir
uns verfangen und nachts darin umkommen?

Wer hat die macht?
ein paar kapitalisten, sagt mann (es ist nebensache,
sagt mann, dass diese kapitalisten männer sind).
Der imperialismus
sagt mann, muss bekämpft werden.

Die erste kolonialisierung in der
geschichte der menschheit war die
der frauen durch die männer. seit jahrtausenden
leben wir in massenghettos, bis heute im exil.
unsere wege vorgeschrieben, eingezäunt. der unterschied
von der ersten zur zweiten zur dritten welt
ist nicht grundsätzlich.
hier haben wir zutritt zu unsern küchen, den
buddelkisten unserer kinder, zu kaufhäusern,
wäschereien, einer konditorei und zum kino —
doch tagsüber bereits
können wir nicht unbehelligt durch die strassen gehen
nicht allein in die wälder, und wo
essen wir, wenn wir um mitternacht
hunger haben
allein?

Wer müsste die macht haben?
die arbeiterklasse, sagt mann, die werktätigen.
wir leben von ihrer arbeit, wir leben auf ihrem
rücken, sagt mann. mit wessen körper wird
der kaffee, den der arbeiter trinkt, bevor er zur
arbeit fährt angepriesen? wer hat ihn
zubereitet, und wer hat
die kinder des arbeiters zur welt gebracht
und versorgt? mit wessen lächeln wird die
zahnpasta, die ich benutze — um meiner küsse
nicht um meiner zähne willen — schmackhaft gemacht?
die seife, mit der ich mich wasche, auch sie
ist mit der haut meiner schwester zu markte getragen.

Auf vergewaltigung steht lebenslänglich — für *mich*:
ich muss ein leben lang damit rechnen.
zufällig befinde ich mich
in einem teil der erde, wo ich nicht so brutal
vergewaltigt werde, wie meine schwestern in viet nam.
doch ich *werde* vergewaltigt und: auch nicht-brutalität
wird von männern definiert. es heisst für viet nam:
this is my rifle (GI holds up M-16)
this is my gun (puts hand at crotch)
one is for killing
the other for fun.
es heisst hier:
frauen lieben es, gewaltsam befriedigt zu werden und:
'ich trinke täglich meinen jägermeister,
damit mir die kleinen, spitzen schreie besser gelingen.'
es werden mir hier keine ratten
in die vagina gesetzt, wie meinen schwestern in chile.
ich weiss nur darum. morgen kann es anders sein.

40

Die spielarten des patriarchats sind vielfältig,
doch überall richten sie sich
gegen frauen und kinder
alte und schwache, gegen alle
die leben wollen, nicht nur überleben.

Schattenhaut
aber noch haut!
durchlöcherte haut
doch hält uns noch notdürftig zusammen!

Anderen geht es schlechter. geht es uns deshalb gut?
andere sind bereits ermordet.
sind wir am leben?
So viele narben. so wenig schmerzen.
Noch lange keine antwort.

"Ich möchte mit zu dir kommen", sagte ich.
Samuel wollte mich nach hause fahren.
"Wenn du nichts dagegen hast."
Lange habe ich abgewogen. ich bin voller narben und
einige male gehäutet.

Der eine küsste leidenschaftlich und wild, so dass ich
zähne spürte, nichts als zähne —
Und ich küsste leidenschaftlich und wild.
Der andere küsste sanft und fand alles andere unreif und
unerwachsen —
Und ich küsste sanft und erwachsen.
Der eine mochte die beine geschlossen, der andere offen
und flach, der nächste offen und um seinen rücken —
Und ich hielt die beine geschlossen oder offen und flach
oder offen und um seinen rücken.
Der eine wollte die ganze nacht durchmachen, der andere
konnte nur einmal —
Und ich machte die ganze nacht durch oder konnte nur
einmal.
Der eine wollte sich immer genital vereinigen, der andere
fand es nicht so wichtig —
Und ich vereinigte mich immer genital oder fand es nicht
so wichtig.
Der eine konnte nur in seinem bett einschlafen, der
andere musste sich wegdrehen, der nächste wollte dicht
beisammen liegen —
Und ich schlief nur in meinem bett ein oder drehte mich
weg oder blieb dicht beisammen liegen.

Nun befand ich mich auf der suche nach einem menschlichen mann. allein sein war mir zu dem zeitpunkt eine
unerträgliche vorstellung. in ihrer unerträglichkeit neu
für mich, doch ich nahm mir nicht die zeit, gründlich
darüber nachzudenken.

Je weiter ich in die welt vorgedrungen war, je älter ich
wurde, desto mehr verlor ich mich. neugierde und unter-
nehmungslust waren eingedellt. ich bewegte mich ängst-
licher als früher, abgezirkelter. die zusammenstösse und
erfahrungen mit dem leben draussen machten sich in
mir breit und versuchten, mich auseinander zu treiben.
es waren die jahre, in denen ich gleichzeitig weitere zer-
störungen auf mich häufte und ungesehen mehr und
mehr von mir selber speicherte.

Ich legte einen vorrat von mir an.

Wenn ich einen mann liebte, tat ich es von vorneherein
verzweifelt. ich wünschte mir, von ihm für gut befunden
zu werden. tat er es, glaubte ich ihm nicht. ich selber
liebte mich weniger als früher.

Nadjenka lebte immer noch in der Brd. sie konnte sich
nicht losreissen. wir hatten begonnen, uns zu küssen.
andere sexuelle erfahrungen hatte ich mit ihr nicht.
unsere erotik war wichtiger für unsere verständigung,
war wie luft eine voraussetzung zum leben.
Eine andere frau konnte ich mir nicht vorstellen. ich
wollte es mit einem mann so gut haben wie mit Nadjenka,
ich wollte endlich einmal von einem mann beherbergt
werden.

Ich fasse mein herz. "ich möchte mit zu dir kommen."
Die musik bricht ab. Berlin ist eine mondlandschaft.
Samuel blickt angestrengt geradeaus. schliesslich gibt er
ein langgedehntes ja von sich. ich beginne zu frieren. das
auto fährt noch. ich sehe den endlosen weg vor mir, den
ich zu ihm gehen muss.
Samuel habe ich als herzlichen menschen kennengelernt.
er strahlte wärme und sinnlichkeit aus. ich nahm an, dass
es mit ihm möglich wäre, sich auf halbem weg zu treffen.
jetzt sind seine gesichtszüge erstarrt, er hat seine herzlichkeit versenkt. wieso gehe ich trotzdem mit?
Ich bin verliebt / bin ich verliebt?
Ich hatte das bedürfnis, ihn kennen zu lernen. der griff
nach einer gemeinsam verbrachten nacht fiel mir nicht
weiter auf. trotz aller schmerzhaften abdrücke war ich
insgeheim in einem teil von mir stolz darauf, es mittlerweile so weit gebracht zu haben, dass ich ohne viel
federlesens mit einem mann ins bett gehen konnte.

Das licht im fahrstuhl ist sehr hell. ich betrachte Samuel
aufmerksam. er macht einen schritt auf mich zu und
küsst mich auf den mund. wir kennen uns nicht, wir
wissen nichts voneinander. die ausgelassenheit ist in den
menschenknäueln der kneipe zurückgeblieben. wir stehen
uns allein gegenüber. gleich werden wir uns ausziehen
und zueinander in ein bett legen. der kuss kann uns nicht
über unser vorhaben hinweg täuschen. wir bleiben vor-
einander stehen. er legt eine hand auf meine schulter.
ich lächle hoch. er blickt hinunter. er legt den arm um
mich. ich lehne mich an ihn. er zieht mich heran. ich
schmiege mich an ihn.

Es ist kein laut zu hören. krater tun sich auf. der fahrstuhl hält mit einem ruck. in der wohnung nimmt Samuel
mich bei der hand und sagt, komm, wir trinken noch
einen schnaps. argwöhnisch mustern wir uns im neonlicht
der küche. mit wem haben wir uns eingelassen? es scheint
kein einverständnis da zu sein, sich zu erkennen. unbeholfenheit auf beiden seiten. in seinem zimmer legt er
sich aufs bett, verschränkt die arme hinter dem kopf und
sieht mich an. hilflos flattert er mit seinen gestutzten
gefühlen.
Ich beginne, den weg zu ihm zurück zu legen. zögernd
bringe ich mich in bewegung, setze einen fuss vor den
andern. mein gesicht lächelt. ich gebe die hoffnung nicht
auf, dass er mir vielleicht doch entgegen kommt. ich
stelle mich ganz auf ihn ein, ich dränge nicht fordere
nicht lasse ihm zeit. ich gehe unentwegt auf ihn zu am
äquator entlang rings um die erdkugel, während unsere
körper schon in bewegung geraten. mit aufgeklärten
händen legen wir gegenseitig die kleider ab. die signal-
stellen arbeiten. arme und beine und rumpf bewegen
sich. im flächenbombardement der genau bekannten anweisungen strecken, beugen und drehen wir uns, richten
uns auf, legen uns hin. endlich können wir die augen
schliessen, die lippen küssen sich. die suchenden hände
bemühen sich, nicht nur die bekannten linien des anders
geschlechtlichen körpers nachzuziehen, sondern wirklich
bei dem menschen dahinter anzugelangen. wir versuchen
zu lachen, versuchen sprachlos, ein bisschen glück zu
fabrizieren.
Wir wissen aus büchern filmen und erfahrungen, die
das wissen aus büchern und filmen bestätigt haben, was
sie / er will. wir handeln und reagieren danach. wir
reagieren darauf, dass sie / er weiss, was er / sie mag.
wir verlassen uns darauf, dass das, was wir aus büchern
und filmen und erfahrungen wissen, auch stimmt.

Samuel ist bei meinen brüsten angelangt. sie bleiben leblos. ich liebe sie immer noch nicht. wie grauenhaft, dass lust entstehen kann, obwohl ich mich nicht liebe, obwohl eigenliebe und fremdliebe getrennt sind, getrennt wie reden und lieben, arbeiten und lieben, wie lust und liebe.

Jetzt neigt er den kopf, endlich kann er ihn kurz niederlegen. ich nehme ihn auf. wieder blicke ich auf den kopf eines mannes zwischen meinen brüsten hinab. wonach sucht er?

Ich beginne zu laufen, Samuel entschwindet, die entfernung bleibt dieselbe. ist Samuel eine fata morgana? ist mein verlangen, genährt zu werden eine fata morgana? ich möchte einhalt gebieten, sofort, von ihm wegrücken, ihm in die augen sehen, sprechen, zusammen einschlafen. ist meine vagina feucht? ist sein penis steif? ist alles gut vorbereitet, um getrenntes erneut zu vereinigen? vaginapenis ist eine ersatzeinheit geworden, ein ersatz für alle auseinander gerissenen zusammenhänge.

Sein penis bewegt sich in meiner vagina. er ist glatt hinein geglitten. ich spüre keinen schmerz am rechten eierstock, er scheint nicht zu lang zu sein. der penis bewegt sich in meiner vagina, bevor ich bei Samuel, zu dem er gehört, ankommen konnte. längst ist meine erste lustwelle abgeebbt, stehen geblieben. Samuels gesicht löst sich auf. es ist dieser verfluchte genitale ernst, den ich nie verstanden habe.

Dass ich keinen orgasmus gehabt habe, bleibt ebenso unerwähnt im zimmer stehen wie die frage, was ein orgasmus eigentlich ist. "Dieses gerede vom sexualobjekt! ich finde es gar nicht schlimm, wenn wir uns gegenseitig befriedigen, oder?"

Einige sekunden lang den erfrierungstod hinaus zögern,
die anonymität und das allein sein unterbrechen:
Ein fleisch werden.
Von jemandem erkannt werden und das gefühl bekommen, doch als person zu existieren, einmalig und un-
wiederholbar:
Ein fleisch werden.

Alle anweisungen sind bekannt. vielleicht spannt sich
manchmal zufriedenheit vor die fenster. wir haben wieder überlebt. Samuel hebt noch einmal den kopf an: es
ist doch schöner, zu zweit einzuschlafen. mein kopf nickt.
meine hand streicht über seine haare. sein gesicht liegt
in meine achselhöhle gebettet. meine augen füllen die
dunkelheit.

Am nächsten morgen ist der spuk verflogen. eine genossin und ein genosse treffen sich in einer Berliner
wohngemeinschaftsküche wieder. was übrig bleibt: herauszufinden, warum ich nicht wegblieb nach der ersten
nacht, nach den ersten hinweisen, dass auch hier schwerarbeit, womöglich zerstörung auf mich wartete.

Ich war eine normal intelligente frau
von dreiundzwanzig jahren,
stand weder unter dem einfluss von alkohol,
noch von rauschgift oder psychopharmaka.
Ich war finanziell unabhängig,
weder mit dem mann verheiratet, noch hatte ich
oder erwartete ich ein kind von ihm.
Es gab keine äusseren zwingenden gründe, ein stück
gemeinsame geschichte mit ihm zu schaffen und sogar
— gegen seinen willen — in seine wohnung einzuziehen.

Das ist mir zu kompliziert
Du verträgst überhaupt keine kritik
Dein subjektivismus führt zu nichts
Es geht dir ja gar nicht gut
In euren papieren stehen haarsträubende sachen drin
Ihr treibt euch immer mehr in die isolation
Ich mache mir sorgen um dich
Du verirrst dich immer mehr
Ihr werdet euch hoffnungslos verrennen
Jetzt reden wir schon wieder über den Feminismus,
wir wollten doch über uns sprechen

       Du bist mir das liebste auf der welt

Ich war eine schlechte schwester meiner selbst.
Manchen abend verbrachte ich mit redegewandten marx-
kennern in der kneipe, ohne etwas zu ihrer diskussion
beitragen zu können. ich wusste zu wenig. ich hatte den
mut nicht, fragen zu stellen. "X ist auch so jemand, der
durch die studentenbewegung ungeheuer sensibilisiert
worden ist —"
Die neue menschlichkeit? ich blieb zuhörerin. Samuel
verbrachte die nacht mit mir und setzte am morgen
darauf mit einem sensibilisierten marxkenner, der zum
frühstück kam, seine gespräche fort.

Einen genossen zu lieben — ungeachtet seiner fraktions-
zugehörigkeit — änderte nichts an meiner situation. er
weigerte sich unter umständen, mit mir zu sprechen. er
äusserte unter umständen keine zuneigung. doch wie
klumpten sich seine gehirnwindungen zusammen,
wenn ich von der 'unterdrückung der frau' sprach —
in seinem kopf ein verschwommener begriff. —

Er wird nicht abstreiten, dass es so etwas gibt; er ist
informiert. er ahnt, dass frauen mit gewalt und angst
terrorisiert werden. seine kollektiven schuldgefühle be-
lasten ihn.
"*Ich* bin kein vergewaltiger!" fährt er hoch, wenn ich
berichte, wie ich auf der strasse ununterbrochen begut-
achtet und belästigt werde. an diesem punkt hilft ihm
sein intellekt, sein abstraktes denken, sein ganzes wissen
nichts mehr. er verheddert sich in einem gedanken- und
gefühlswirrwarr. er ist nicht mehr in der lage, allgemeine
und persönliche situationen zu unterscheiden. in besonders schwierigen und niederträchtigen fällen behauptet
er, dass frauen eine vergewaltigung *wollen*. so kann er
seine schuldgefühle entschärfen, seine bequemlichkeit
und seine denkfaulheit rechtfertigen.

Solches tritt bereits auf, wenn ich über die allgemeine situation der frau spreche. wenn ich mich aber gegen ihn persönlich auflehne, brechen seine *fehlgeleiteten* gefühle durch. dein kleiner arsch ist schnell gewischt! höre ich. dein kleiner darm hat schnell geschissen!

Die schrecken der sexualität haben sich längst verselbständigt. sie werden lange und zäh überdauern, unabhängig von ökonomischen revolutionen, wenn sie nicht hier und heute in arbeit genommen werden.

"Ich habe dich schrecklich gern."
Ein halbes jahr, nachdem wir stumm miteinander geschlafen hatten, fiel das erste karge zugeständnis, am abend, bevor Samuel in urlaub fuhr. er konnte kaum noch worte bilden, so erschöpft war er von abwehr und müdigkeit. der kommende urlaub war ein schutz gegen ein solches geständnis. ich hatte geduldig gewartet, vorsichtig, so selbst mörderisch vorsichtig geworden. Dave hatte spöttisch aufgelacht, als ich ihm sagte, dass ich ihn mochte. "liebe, das ist doch für kinder", sagte er. daran änderte seine schwarze haut nichts.
Ich reagierte gerührt und mitleidig auf Samuels winzigen satz. nun hatte sich mein einsatz gelohnt, mein aufwand für ihn verhallte nicht ungehört. wie oft war ich am aufgeben gewesen, in tränen aufgelöst. ("aber du gehst doch noch gar nicht drauf!" meinte er).

Welch grosse wirkung so ein satz aus dem munde eines unnahbaren mannes hat! einmal mehr erscheint sein sexismus ausschliesslich als persönliches fehlverhalten, bar aller kulturellen und politischen ur sachen. frau betrachtet ihn gerührt als rein menschliche schwäche. fast immer folgert sie in solchen momenten, dass sie den mann noch nicht gut genug humanisiert hat, dass die veränderung männlichen verhaltens eine frage ihres persönlichen bemühens ist nicht aber die frage einer Kulturrevolution.

Der dienst im krankenhaus nahm uns so in anspruch, dass wir in der zeit ausserhalb — von der wiederum viel raum durch politische gruppen vereinnahmt wurde — gerade damit zurecht kamen, den all tag so zu organisieren, dass wir nicht darin untergingen. bei durchschnittlich vier terminen abends in der woche, einem bestimmten bedürfnis zu lesen, bekannte zu treffen, dabei zu sein, blieb vielleicht am wochenende eine knappe stunde übrig, in der wir uns tatsächlich einander zuwandten, meist in einem koitus. wenn wir in der öffentlichkeit gemeinsam ein stück zeit verbrachten, durchlebten wir es mit sparmassnahmen uns selbst gegenüber: wir verhielten uns nicht eigentlich zueinander, wir waren *nebeneinander anwesend:* in der kneipe, im kino, beim essen, beim spaziergang. wir sprachen wenig miteinander. die handgriffe, mit denen wir uns berührten, waren bekannt. wir hatten keine zeit und keine kraft, sie infrage zu stellen oder gar folgen daraus zu ziehen: verwirrung, verlust und umlernung.

Ich verbrauchte viel energie, um meine leben zusammenzuhalten. ich hatte schuldgefühle der arbeiterklasse gegenüber. ich hatte schuldgefühle Samuel gegenüber.

Ich identifizierte mich mit der arbeit und den frauen von 'Brot ♀ Rosen'. seit jenem abend, da eine der frauen zu Samuel gekommen war, um mit ihm über die pille und die pharmazeutische industrie zu sprechen, gerieten meine verschiedenen leben durcheinander. längst war die gruppenarbeit mehr als ein termin in der woche geworden. als ich anfing am 'Frauenhandbuch Nr. 1' mitzuschreiben, war ich ein vierteljahr lang arbeitslos, bevor ich meine erste stelle im krankenhaus antrat. ich konnte von morgens bis abends für die gruppe arbeiten. so intensiv so durchgängig so organisch hatte ich mich schon lange nicht mehr an etwas beteiligt, etwas, das nicht ausserhalb von mir existierte, das nicht dieses gefühl von stellvertretender arbeit mit sich brachte. die ganz frühe zeit, aus der ich dieses gefühl kannte, als ich noch viel las, schien längst versunken.

Ich teilte meine wohnung und meine sexualität mit Samuel. ich verdiente mein geld in der klinik. ich dachte, arbeitete, lernte und fühlte mich wohl mit den frauen von 'Brot ♀ Rosen'. die frauen*sache* kam zu mir durch die frauen selber, war nicht getrennt davon, nicht abgehoben. die frauen zogen mich an, interessierten mich in ihrer ausstrahlung, ihren unterschiedlichen, ausgeprägten leben.

Anfangs war ich aus meinem leben mit Samuel zu einer gruppenbesprechung gegangen und wieder in das leben mit Samuel zurückgekehrt. allmählich verlagerte sich das gewicht. ich kehrte seltener zurück.

Nadjenka ist schwanger. ich fahre nach meiner mandeloperation zu ihr in die Brd. mit weichen knien gehe ich den langen bahnsteig entlang. sie ist nicht da. ich gehe langsam durch die sperre, stelle mein gepäck auf eine bank. sie ist auch nicht in der bahnhofshalle. sie hat mich unter den aussteigenden nicht gesehen und ging zum zugvorsteher: "sie muss in diesem zug gewesen sein, sie muss ankommen!" sie ist ausser atem, wie ich sie erblicke. laufen ist schwierig geworden. die ginsterhaare sind hochgesteckt, die augen verschwimmen. wir gehen eis essen. die sonne bringt das plüschmobiliar der konditorei zum schwitzen. "wie hätte ich dich denn bloss dem zugvorsteher beschreiben sollen", sagt sie, "dein kopf ist noch kleiner als sonst, und du bist ja dermassen bleich" —

Meine lider haben sich kurz gerötet, wie ich sie schwanger sehe. ich denke, jetzt ist sie endgültig gefangen. ich verstehe nicht, warum sie ein kind haben will. sie kann es mir nicht erklären. als sie den bescheid vom arzt bekam, war ich auch zu besuch gewesen. "Ja", sagte sie knapp, ein auflehnen im gesicht, "ich bin schwanger, und ich will das kind haben."
Alle meine vorbehalte prallten an ihr ab.
"Endlich etwas in meinem leben, wofür ich verantwortlich bin", sagte sie, "jemand, der mich zwingt zu leben —"

Komm doch nach Berlin! diese aufforderung war über jahre verschwommen geblieben — durch ein kind würde sie vollends verblassen. "Ja", sagte Nadjenka, "das kind ist auch ein schutz vor dir, ein schutz vor dem absprung in ein neues leben..."

Wie schockiert ich war, als ich feststellte, dass sie eine ehe frau war! ich hatte sie als einzelne frau kennengelernt und sie mir, obwohl ich wusste, dass sie verheiratet war, nie als ehe frau vorstellen können. auch als ich sie mit ihrem mann sah, veränderte sie sich kaum für mich, sie wurde nicht plötzlich zur hälfte eines paares. eines abends beim essen im lokal jedoch erstarrte ich: sie sass nicht mehr mir gegenüber, sondern neben ihm.

Das gewebe zwischen ihnen aus weisst-du-noch und damals-als-wir-verlobt-waren vertrautheiten lag zwischen tellern und schüsseln auf dem tisch. es waren vertrautheiten, die nichts taugten, die sie aber unwillentlich ständig neu wob. sie trennte das gewebe nicht in der mitte durch. sie versuchte, einzelne fäden davon zu zerreissen und verstrickte sich mehr und mehr dabei.

Hinter dem mietshaus beginnen Nadjenkas felder. wind gibt es dort, himmel bäume äcker und wiesen. wie immer schaue ich ihr verwundert zu, wie sie mir die wege ihres dortigen lebens zeigt, ihre aufenthalte, geheimplätze, dinge, an denen sie hängt. da gibt es eine gärtnerei, in der sie blumen holt, tiere sind unterwegs, die sie kennt. auf dem feld gibt es hier und da übrig gebliebene möhren oder einen rettich, den sie mitnimmt. ich spreche von sitzungen terminen flugblättern. sie erzählt von den andern frauen im haus, von den erfahrungen, die sie mit umfragen für ein meinungsforschungsinstitut gemacht hat.

Ich sehe ihr zu, während sie gemüse schneidet. eine zwiebel liegt in der linken handfläche. sie hält sie tastend, bevor sie sie schält und in scheiben schneidet. wie kommt es, dass Nadjenka die zeit hat, die zwiebel solange in der hand zu halten, dass das gefühl einer zwiebel tatsächlich einen augenblick lang darin zurück bleibt? es gibt doch dringenderes, die zeit selber ist dringender, sie drängt ununterbrochen, es muss soviel getan werden.

"Ich nehme nicht mehr dasselbe brettchen, um obst und gemüse darauf zu schneiden", unterbricht sie meine gedanken. "ich habe einmal daran gerochen, du, dieses gemisch aus banane und zwiebel war einfach unerträglich."

Ist das wichtig? ist es revolutionär? wann ist die richtige zeit gekommen, um wieder riechen zu lernen?

"Was ist denn so anders an mir?" fragt sie auf der strasse und dreht sich halb zu mir um. "alle sagen, ich fall' aus dem rahmen. findest du denn auch, dass ich anders bin als die andern?"

Was siehst du mich so an, ich kann dir keine hilfe geben. dieses flattern zwischen den lippen, im mundwinkel, "ja", sage ich, "du bist anders, aber was es ist, kann ich dir nicht sagen. warum beunruhigt es dich?"

Hörst du mich? stehst du gerade über die badewanne gebeugt und wäschst etwas aus? tut dir wieder einmal alles weh, lehnst du dich nach wie vor allein gegen die vorstadt dort auf? warum suchst du keine andern frauen? "es gibt keine!" behauptest du. "es ist mir auch nicht gelungen, hier eine kindergruppe zu gründen."

"Wie ist das", fragt Samuel zögernd, "wie ist das mit Nadjenka und dir? habt ihr miteinander geschlafen?"

Ich wollte nur noch still liegen und sie einatmen. diese wärme, die nichts weiter beabsichtigte als zu wärmen, anhalten. so können sich menschen also tatsächlich berühren, dachte ich erstaunt. unsere hände strichen versunken über bauch und hüften, über rücken und beine, lange in allen mulden und rundungen verweilend. die bettdecke wölbte sich in der aufkommenden hitze. aus dem dunst strahlten Nadjenkas ginsterhaare. der flaum an ihren gebräunten wangen wurde heller, als unsere lippen sich aneinander legten und sich von einem mund winkel zum anderen tasteten. auf dem schmelz der zunge zogen wir an glatten gaumenwänden und milden schleim häuten entlang. das andächtige hin und her schieben der speicheltropfen wurde nur unterbrochen von einem er neuten ineinander betten der lippen.

"Janein", sage ich zu Samuel, "nicht so, wie du denkst. ich kann das nicht erklären."
Und unvermittelt setze ich hinzu: "am besten fände ich es, wenn wir bisexuell sein könnten."
Samuel nimmt die pfeife aus dem mund.
"Wie meinst du das? also, ich könnte nie mit einem mann schlafen, das wäre mir schrecklich. dass du frauen magst, kann ich ja noch nachvollziehen, aber einen mann..."

Wollte ich wirklich bisexuell sein? war es nicht meine angst, Samuel zu verletzen, ihn zu verstossen, die mich das sagen liess? war es ein glaube an die utopie, dass bisexuelität jetzt schon lebbar wäre, nicht nur als ver marktete variation von sexualität, sondern als neue art zu leben?

"Wir beengen uns so", sagte ich zu ihm.
"Als Nadjenka zu besuch war, schlief sie die ganze zeit allein in meinem bett, ich nebenan bei dir. unsere welt

wäre zusammengebrochen, hätte ich eine nacht mit ihr verbracht und du hättest nebenan allein liegen müssen. ob Nadjenka und ich miteinander geredet, miteinander geschlafen oder beieinander gelegen hätten — es wäre grundsätzlich nicht möglich gewesen, dass sie und ich nachts zusammen geblieben wären. so nahe sind wir linken an Nadjenkas ehe. so sehr sind wir beide aneinander gewachsen, dass ich es nicht wage, so etwas zu tun und du dich von Nadjenkas vorhanden sein an sich bedroht fühlst."

"Ich finde es wirklich angenehmer, mit frauen zusammen zu sein", wiederholt Samuel.
"Ja, ich auch", entgegne ich, "das kann ich gut verstehen."
"Hoffentlich kommen wir uns nicht in die quere", meint Samuel da.

Ich war sexualitätsmüde.

Es ging mir darum, die fälschung meiner eigenen geschichte zu korrigieren. mich drängte es, weiter zu diskutieren nach einer gruppensitzung. ich wollte anders denkend und anders lebend vorwärts preschen, ohne gebremst zu werden durch rechtfertigungen, erklärungen, übersetzungsversuche.
"Du gibst mir keine chance", sagte Samuel, "du gestehst mir keine entwicklung zu."
Solidarität war jetzt sein wichtigstes argument. wann war ich solidarisch mir selber gegenüber gewesen? die stärke von frauen war mir wichtig, nicht die von männern. mich interessierten die ängste der frauen, nicht die der männer. ich wollte zu ende denken, was geschehen würde, wenn frauen sich von männern los sagten.
Die rollen haben die menschen unkenntlich gemacht.

Wie werden sie am wirksamsten und am schnellsten zerstört?

Ich wollte herausfinden, welche bedeutung einsamkeit haben konnte, die abwesenheit von sexualität, die abwesenheit eines regelmässigen zusammen seins mit einem bestimmten menschen überhaupt.

ENTZUGSERSCHEINUNGEN

"Ich trainiere ein leben ohne dich", sagt Samuel. "Jeden morgen, wenn ich allein aufstehe und allein ins bad gehe, sage ich mir, es muss auch ohne sie gehen."

Ich habe mich nicht von ihm getrennt. ich bin umgezogen. eine nach der anderen sind drei frauen aus ihrem bisherigen leben mit einem mann in einer gemeinsamen wohnung eingetroffen.
Ich bin zuversichtlich. umgeben von den frauen der gruppe und den frauen der wohnung, der arbeit in der gruppe, den neuen einfällen und aussichten, tauchen die abnabelungsschmerzen von Samuel erst später auf. wenn ich mich jetzt in einer ecke des bettes zum schlafen einrolle, denke ich, dass ich nicht viel mehr zum leben brauche, als so eine ungestörte ecke. die einsiedelei ist wohltuend.
Die trennung von Samuel vollzieht sich in jedem unserer gesprächsversuche nach meinem auszug, zäh und sträubend. Samuel hat keine gruppe. er ist einsam, ohne die einsamkeit leben zu wollen und zu können. er hat angst davor, allein alt zu werden.

Ich habe mich mehr als einmal nach ihm umgedreht bei meinem umzug. in den ersten tagen bin ich mehrmals zurück gegangen, und in der ersten woche habe ich mehr nächte in Samuels bett verbracht als in der neuen wohnung.

Ich gebe eine mühsam erworbene vertrautheit auf. sie scheint unersetzbar geworden zu sein. ich löse mich aus einem stück gemeinsamer geschichte. die schrecken der gegenwart sind vertraut, die unbekannte zukunft birgt unberechenbare gefahren. selbst, wenn unsere zerwürfnisse schon unerträglich geworden, scheint das gefühl, dass wir uns nicht fremd sind, mehr zu wiegen als die unerträglichkeit. innerhalb der unerträglichkeit scheint weniger verlassenheit aufzutreten als ausserhalb. ich weiss, dass Samuel an mir hängt ... (er hat sich doch so verändert! sagt eine bekannte zu mir. jetzt willst du ihn verlassen?) dieses wissen macht meine entscheidung nicht weniger richtig, aber es hemmt die durchführung.

Samuel stützt seinen schweren kopf in die hände.
"Wir trainieren trennung", sagt er. "du musst mir ständig beweisen, dass du mich nicht brauchst, dass du ohne mich leben kannst. du willst nicht zugeben, dass es dir schlecht geht. ich aber bin auch nur ein mensch und kann nur so und soviel verkraften — "
"Ich will dir nichts beweisen", entgegne ich heftig. wir haben uns vorgenommen, uns zu verständigen. nach den jahren, in denen wir uns kaum verstehen oder gar erkennen konnten, nur aneinander lehnten und von haut zu haut ein ziehen spürten, wissen wir nicht, wie wir

nun eine verständigung herstellen sollen. nach fast drei jahren sind wir an einem punkt angelangt, an dem wir worte nicht einfach übungshalber aus dem mund entlassen können. wir überlegen lange, wägen genau ab. zu viele gescheiterte versuche tragen wir bereits mit uns herum, zuviel wissen um den andern belastet uns.

Vieles steht auf dem spiel.

Samuel will reden, um die hoffnung nicht ganz aufgeben zu müssen, dass ich eines tages doch wieder mit ihm leben will. er glaubt, in meinem kopf ein durcheinander zu sehen. er will herausfinden, was ich eigentlich denke, und warum ich sein leben nicht mehr teilen will.

Ich habe es geteilt, von anfang an.

Ich trottete überall mit hin, um in seiner nähe zu sein, zu allen treffpunkten und kneipen des linken ghettos, bis hin zu den spätvorstellungen von wildwestfilmen. Samuel zeigte kein interesse an mir. von sich aus hätte er nichts unternommen, um mit mir zusammen zu sein. Samuel hat wieder eine freundin, wurde festgestellt. da, an seiner seite ist etwas, das regelmässig und hartnäckig mit ihm auftaucht. wie ungewohnt, Samuel schon seit monaten mit derselben frau zu sehen! ich zog in seinen lebenskreis, verliess meinen alten.

Jetzt will ich reden, um die anerkennung meiner neuen vorstellungen durchzusetzen. ich beginne erst, sie zu leben. ich kann noch nicht viel berichten. ich will die belanglosigkeit des 'nur-frauensache-machens' erbittert aus seinen augen räumen. seine redegewandtheit behindert mich. ich höre belehrende schwälle in einer sprache, die für meine anliegen nie ausreichen wird.

Ich beginne zu sprechen, während Samuel abwartend an seiner pfeife zieht. in meinem kopf ist der satz eingraviert — du sprichst ja so langsam, dass mann zum schluss schon vergessen hat, was du eingangs sagtest — und wie ich spreche, ob stockend oder fliessend, ob in meiner sprache oder in der kärglichen linken terminologie, erklärung um erklärung abgebe, um zu klären, mitteilung um mitteilung mache, um ihm mein neues leben zu vermitteln, meine worte erreichen ihn nicht. sie bleiben stehen, irgendwo vor seinem gesicht.

Ich führe ein anderes leben und spreche eine andere sprache. selbst wenn ich übersetzungsmöglichkeiten wüsste, hätte ich kein interesse, meine energien für übersetzungszwecke aufzuwenden. ich erkenne keine gemeinsamkeiten mehr. ich spüre, wie mein bedürfnis schwindet, welche herzustellen. ich versuche, noch zu vermitteln, weil es um ein stück meines lebens geht, das ich mit Samuel verbracht habe. ist es nutzlos verstrichen? ich möchte wissen, was wir in den drei jahren tatsächlich getan haben, wofür ich mich eingesetzt habe.

"Ich weiss nicht, was du willst", habe ich oft gehört. es stimmt, dass ich von einem gewissen punkt an immer verschlossener wurde. ich führte ein für männer unsichtbares eigenleben. es war meine antwort darauf, dass ich als person in ihrer wahrnehmung nicht vorkam.
Noch war die anerkennung durch einen mann ausschlaggebend, um mir mein vorhanden sein als bestimmte, von andern unterscheidbare person zu bestätigen. kaum jemals hatte ich die erfahrung gemacht, mit einem mann eine verbindung zu haben, ohne mit ihm zu schlafen. der koitus war wichtig geblieben, um männliche anerkennung zu bekommen.

Ich beobachtete schweigend und schichtete das gesehene und erlebte in mir auf. das war zu jener zeit, da ich noch nicht sagen konnte, was mich eigentlich beleidigte und zersetzte. formulierungsversuche würgte ich nur unter tränen hervor. allmählich konnte ich umrisse wahrnehmen, von tatbeständen und sachverhalten, die ich *nicht* wollte.

Als ich den mund endlich aufmachte, hatten sich in meinem kopf strukturen gebildet. das schwierigste von allem, was ich formulieren lernte, war das wort *nein*. vorläufer davon waren:
eigentlich... habe ich nicht
weisst du, ich finde dass
ich will damit ja nur sagen
ich meine ja nur
verstehst du, was ich meine?

Samuel erkennt, dass er in meinem leben nicht mehr das wichtigste ist. diese tatsache blockiert sein denken.
"Ich will dir nichts beweisen", wiederhole ich.
"Ich lebe anders. ich kann ohne dich leben. in meinem kopf sind muster aufgesprungen, die in deinem noch ganz vorhanden sind."

Veränderungen finden tatsächlich statt, *hier und jetzt*, nicht erst am 'tage x'. wir erschrecken, wenn ein *privater umsturz* stattfindet. daran glauben wir nicht, das wollen wir nicht, es ist unbequem und mühsam. es ist leichter, darüber zu sprechen, wie schwer private umstürze zu bewerkstelligen sind, als von einem solchen geplanten umsturz mitgerissen zu werden. es ist leichter, umstürze, die weit ausserhalb der eigenen lebenssituation stattfinden zu unterstützen, von kämpfen weit ausserhalb von einem selber betroffen zu sein, als die eigene behausung zu verlassen, als vom eigenen betroffen sein auszugehen. das spektrum eines einzelnen menschen ist auch von der linken zurück gestellt worden.

"Fühlst du dich denn jetzt wohler?" fragt Samuel.
"War es denn so schlimm mit mir? was war so schlimm, und warum bist du trotzdem bei mir geblieben?"

Ein halbes jahr davor kam ich im herbst von einem zweiwöchigen urlaub, den ich mit zwei frauen aus 'Brot ♀ Rosen' verbracht hatte, aus Italien zurück. mit Samuel war ich bis da noch nicht verreist. der getrennte urlaub — letztlich ein urlaub vom leben zu zweit — diente als zittriges bollwerk gegen ausschliesslichkeit. es war ein vager hinweis darauf, dass wir immer noch nicht wussten, wie wir mit unserer gemeinsamen geschichte umgehen sollten. wir waren schwerfällig, beinahe handlungsunfähig geworden.
Längst gingen wir in denselben gleisen, aneinander gelehnt. es gab glückliche stunden mit Samuel, seit er angefangen hatte, sich rückhaltslos zu mir zu bekennen. wir sagten uns öfter als früher, dass wir uns liebten. wir tauschten in der öffentlichkeit zärtlichkeiten aus, es war ihm nicht mehr peinlich. aus einem schwierigen mann war ein umgänglicher mensch geworden. seine bekannten staunten. doch inzwischen wollte ich mehr als zuneigung und sexualität. sexualität war zu einem überrest vergangener jahre geworden. ich befand mich bereits in einem zustand, in dem meine gefühle sich erschöpften. die liebe bröckelte, fiel als erkennungsspur hinter mir

zu boden, ein letzter hinweis aus der alten welt. ich hörte auf, zu männern zu halten.

Die tage in Italien waren voller arbeit gewesen. auch wenn die persönlichen gespräche noch sehr spärlich waren in unserer damaligen scheu, gab es doch ein bestimmtes wohlbefinden, das die ganze zeit anhielt. ich las 'the dialectic of sex'. mein kopf hatte sich mit neuen impulsen und gedanken angefüllt, als wir in Berlin ankamen. Samuel holte uns am bahnhof ab. ich stand mit den beiden anderen frauen auf dem gehsteig und beobachtete abwesend, wie er aus dem auto stieg. dann gingen wir lächelnd aufeinander zu und hielten uns fest. dies ist der mann, der dir vertraut ist, sagte ich mir, während ich mein gesicht an seine rauhe wange drückte. der boden brach unter mir ein.
Die zugehörigkeit zu ihm — worauf fusste sie eigentlich? warum wurde es zunehmend schwieriger, meine zugehörigkeit zu den frauen mit meiner zugehörigkeit zu Samuel in einklang zu bringen?

Ich war dabei umzusiedeln, wollte meine schuhe aus den gleisen neben ihm lösen. als ich merkte, dass sie festgewachsen waren, schlüpfte ich heraus und ging barfuss weiter. lange blieb Samuel neben den leeren schuhen stehen. er begriff nicht, wohin ich mein gesicht gewandt hatte, welche richtung ich eingeschlagen hatte, was ich so angestrengt suchte.

Eine genossin, mit der er ein arbeitspapier vorbereiten musste, wohnte einige tage bei uns. sobald er vom dienst nachhause gekommen war, setzten sie sich zusammen, um zu diskutieren. ich wollte mit ihm über meinen urlaub sprechen. darüber, weshalb ich mich mit den beiden frauen wohler gefühlt hatte als in unserer wohngemeinschaft, darüber, was wir gearbeitet, gedacht und herausgefunden hatten. die ersten tage nach dem urlaub wäre ich in der lage gewesen zu reden. ich hatte mich zwei wochen lang anders verhalten können und fühlte mich neu genug, um in die stille zwischen Samuel und mir einzubrechen.

Schnell wurde ich rückfällig. gegen die wortreichen diskussionen zwischen ihm und der andern genossin kam ich nicht an. sie schien eine gleichwertige gesprächspartnerin für ihn zu sein. noch mass ich mich an seiner wissenschaftlichkeit, seinem intellekt. meine anliegen sollten seinen kriterien standhalten. als er sich nach einer woche endlich zeit nahm, war ich wieder verstummt. ich nahm an, dass er meine urlaubserfahrungen für belanglos hielt. er fühlte sich bedroht. er weigerte sich, 'the dialectic of sex' zu lesen. "wieso kannst du mir nicht erzählen, was daran so wichtig ist?" fragte er. "ich verstehe nicht, wieso du mir einfach ein paar bücher über eure probleme hinknallst!"
Ich war empört. las er nicht auch sonst zu jeder wichtigen politischen frage bücher, machte analysen, diskutierte diese mit genossen und genossinnen, deren meinung er schätzte? warum weigerte er sich, im falle der frauen-'frage' zeit und energie, gedanken und notizen, papier, bleistift und termine aufzuwenden?

Bis heute lehnt er es ab, eine gedruckte zeile einer feministin zu lesen. er setzt sich mit dem problem, das längst in sein leben eingebrochen ist und ihn geprägt hat, analytisch nicht auseinander. "ich habe keine zeit!" behauptet er. "ich kann mich doch nicht mit allem beschäftigen. *erzähl* doch mal, was in dem buch steht, erzähl mir doch eine *geschichte!*"

An einem abend ging er noch spät mit der andern genossin weg, um bei einem bekannten weitere informationen zu bekommen. sie fragten nicht, ob ich mitkommen wollte. es war klar, dass ich wie immer als Samuels freundin im raum gesessen und nichts zum gespräch beigetragen hätte. mit mir schlief er. sprechen denken diskutieren erforschen — das geschah mit anderen. die alte trennung war nicht aufgehoben. unsere körperliche sprache erweiterte nicht etwa die verständigung, sondern war unsere einzige möglichkeit, überhaupt aufeinander zuzugehen. der rückzug in erotik und sexualität aus sprachlosigkeit und gefühlsängsten ergab eine entsprechend sprachlose und gefühlsgestörte sexualität. meine wichtigkeit für ihn lag nicht in gesprächen und gemeinsamkeiten, die inhalte und ereignisse ausserhalb von uns beiden betraf, sondern in den konturlosen furchen und winkeln von geborgenheit und vertrautheit. es genügte, dass ich anwesend war: ein fester bestandteil seines lebens wie seines zimmers.

Ich konnte nicht einschlafen, auch der wodka wirkte nicht. je länger ich über meine bedeutung für Samuel nachdachte, desto aufgedrehter und verzweifelter wurde ich. als Samuel endlich kam, war ich hellwach und bleischwer. ich fing an zu weinen, als er fragte, was mit mir wäre. er war erschrocken und besorgt. ich habe doch gar nichts mit ihr, wollte er mich beschwichtigen. er meinte, ich wäre aus sexuellen gründen eifersüchtig und wollte mir nicht glauben, als ich das abstritt.

Der begriff eifersucht war mir zu banal, wie alle diese gefühls- und sexualitätsbegriffe. ich konnte ihn nicht benutzen, ohne ihn neu untersucht und bestimmt zu haben. es hätte mir nichts ausgemacht, wenn Samuel mit einer andern frau geschlafen hätte — was wiederum ihn verletzte. wenn er sich aber vor meinen augen mit einem andern menschen ausschliesslich in den verbalen räumen

bewegte, zu denen mir der zugang stets erschwert oder
verwehrt worden war, geriet ich in aufruhr.
Du darfst nicht traurig sein, das hat doch nichts zu bedeuten, beschwor er mich. du weisst doch, *wie lieb ich
dich habe.*

Diese worte sind keine entschädigung mehr.
Koitus ist kein ersatz mehr für verständigung.
Das heiligtum der nächtlichen gefühle macht mich
unduldsam.
ich hab dich doch so lieb
das musst du mir glauben
du bist so wichtig für mich
das weisst du doch
ich brauche dich
nur mit dir
Waisenkindersprache.

Das schmerzlich verzogene, aufgelöste gesicht, das mich
früher gerührt hat, ruft keine antwort mehr in mir
hervor. der verfluchte genitale ernst breitet sich nach
wie vor in seinem ganzen ingrimm aus. diese tödlich
schweren vereinigungen! alles, was tagsüber nicht vorhanden ist, wird nachts in grabesernste handlungen und
embryonale sätze umgesetzt. die schwere der nächtlichen
sätze reicht bis in den kommenden tag hinein, schafft eine
schwammige verbindlichkeit.
Über wieviele jahre kann sich solches immer wieder abspielen, in unzähligen abwandlungen desselben themas?
wie kann sich solches ein leben lang abspielen? gleitet
die verwirrung und zerrissenheit eines tages so unmerklich in abstumpfung hinüber, dass keine gelegenheit und
keine kraft mehr für einen aufbruch da ist?
Meine gefühle waren ausgelaugt. ich war aufgerieben
und zornig. ich konnte erst aufbrechen, als ich forderun-

gen hatte, mit denen ich Samuel entgegentrat. in der langen zeit der unerträglichkeit hätte mein aufgeben nur meine ohnmacht besiegelt.

Ziehe ich aus, ziehe ich nicht aus? die herbst- und wintermonate vergingen mit wohnungssuche. eine wohnung für drei frauen. alle türen münden in einen flur. unsere wege treffen sich vom zimmer ins bad in die küche zur wohnungstüre. der flur wird bedeckt von den spuren dreier frauen, deren wege sich kreuzen. die muster werden schnell rätselhaft. die wohnung bis zur decke mit uns angefüllt. jede der drei frauen ist noch von ihrem bisherigen leben beansprucht. wird die wohnung gross genug sein?

"Ich komme ja in deinem leben gar nicht mehr vor", durchbricht Samuels stimme die stille. er kennt die art nicht, wie er für mich vorhanden ist. ich sehe ihn nachdenklich an. "du bist einer meiner besten freunde", höre ich mich sagen. das kann er nicht ertragen. er will nicht nur ein guter freund von mir sein. nach all den jahren — diejenigen vor unserer gemeinsamen geschichte mitgerechnet — in denen sich gefühle als trügerisch, liebe als unbestimmbar, sexualität als untauglich erwiesen haben, nach all den jahren, in denen uns gefühle, liebe und sexualität nicht geholfen haben, uns von mensch zu mensch zu verständigen, pocht Samuel noch auf ein mysteriöses mehr-als-nur-ein-guter-freund sein. nun, da es höchste zeit ist, dass wir präzise und ausdauernd süchtigkeit wie arbeit, ausschliesslichkeit wie einsamkeit untersuchen!

Das plakat an der wand unseres gemeinschaftszimmers löst sichtbare ängste in ihm aus. darauf sind zwei frauen abgebildet. die eine sagt: some of my best friends are men, und die andere erwidert: yes, but would you want your sister to marry one?

Samuel hat die orientierung verloren. jetzt bräuchte er mich, wie nie zuvor. er findet sich allein nicht zurecht. mein verhalten hat ein bisschen abgefärbt. er weiss nicht, was er mit seinen neuen gefühlen und bedürfnissen machen. er weiss nicht mehr, wie er mit seinem penis umgehen soll. er hat erfahren, dass sexualität nicht nur aus einem koitus besteht. er wehrt sich noch dagegen. er spricht von 'oraler und manueller befriedigung' wie von etwas anrüchigem, das er mit ausgestreckten armen vor sich herträgt. er spricht nicht von lippen und finger-kuppen. er will nicht einsehen, dass der koitus lange zeit ausgeklammert werden muss, wenn er neu erfahren und eingeordnet werden soll. "ich kann nicht ohne sein!" behauptet er.
Ohne vagina? ohne frau? ohne menschen?

Wenn ich ihm in die augen sehen könnte
    um ihm in die augen zu sehen!
Wenn ich ihn streicheln könnte
    um ihn zu streicheln!
Wenn ich ihn küssen könnte
    um ihn zu küssen!
Wenn ich den linien seines körpers nachgehen könnte
    um den linien seines körpers nachzugehen!
Wenn er bei mir liegen würde
    um bei mir zu liegen!
Wenn wir uns treffen würden, um uns zu begegnen,
Wenn wir uns sehen wollten, um uns zu ergründen,
Welch ein umsturz!
Nieder mit dem koitus!
Aber
Ob ich ihm in die augen sehe, ihn streichle oder küsse, unsere hände greifen aneinander vorbei ins leere. die blicke splittern, sobald sie sich treffen.
blind taub und stumm, lallend suchen wir einen ausweg

aus dem labyrinth, hängen uns an des andern lippen. saugen, das ist vertraut. der penis tappt blind in die vagina. bis zu dieser einen halben stunde um mitternacht sind wir voneinander getrennt, gibt es kaum etwas gemeinsames in unserm leben. das macht den gemeinsamen orgasmus so dringend. er muss uns das gefühl geben, dass wir zueinander gehören, dass vieles uns verbindet —

Der orgasmus ist aufgebläht worden. er hat die sexualität platt gedrückt. er ist oft das einzige, was von ihr übrig geblieben ist. alles andere wird darüber vergessen, bis hin zu der frage, was ein orgasmus eigentlich ist, und welche bedeutung er für die menschliche verständigung haben könnte.

Die nächte, in denen ich wach liegen blieb, machten mich wachsam.

Ich betrachte den menschen neben mir, betrachte mich, betrachte ihn und mich beim koitus.

Ein körper hat haut und haare, falten und polster, rundungen und flächen. ich kann die hand anheben und sie auf den körper des menschen neben mir legen. ich kann sie liegen lassen. sie fällt mir wie ein stein vom arm, denke ich daran, was sie am andern körper auslösen würde. die vorauszusehenden reaktionen legen sich bleischwer auf meine augen. ich werde müde, todmüde. rolle mich ein, bette mich in meine arme.

jetzt

wenn ich mich an dich lehnen könnte, wenn du mich wärmen würdest, damit ich friedlich einschlafen kann. ich hoffe auf träume. der penis schiebt sich dazwischen. er rutscht öfter aus meiner vagina in letzter zeit. ich halte ihn nicht mehr, ich strenge mich nicht mehr an. im traum stürzen neuerdings die flugzeuge ab. flugzeuge, die gerade aufgestiegen sind, fallen schon wieder vom himmel, die gangway, die an die türe geschoben wird, passt nicht oder rutscht ab, die passagiere können nicht einsteigen. fliegen ist eine schwierige angelegenheit geworden.

"Warum hast du denn keine lust? ich habe ja schon ein schlechtes gewissen, wenn ich eine erektion habe!" Samuel fühlt sich zurück gestossen. die worte rascheln durch meine ohren. zwischen meinen beinen ist es ruhig und trocken. in der gebärmutter spannt sich das plastik-T aus, seit fast eineinhalb jahren. ich blute heftiger als davor, jeden monat eine woche lang, ähnlich wie ganz zu anfang vor dreizehn jahren.

"Warum wollen sie es entfernen?" fragt der gynäkologe. "Haben sie einen *besonderen* grund, *stärkere beschwerden* als..."

"Ich möchte ruhe haben!" unterbreche ich ihn, auf meiner nase sammeln sich schweisstropfen an.

"Und ich möchte, dass sie das in die *kranken*geschichte mit aufnehmen!"

"Aber natürlich", sagt er spöttisch. "die *patientin* gibt an, dass..."

Ein koitus ist, in den gelernten und praktizierten formen ein zu ärmliches unterfangen, um glück zu produzieren, um über die andere person und sich selber etwas zu erfahren, um einander mitteilungen zu machen. eine verzweiflungstat.

Ich schiebe ihn weg. ich setze die droge sexualität ab. seit neun jahren bin ich an sie gewöhnt. das verzweifelte zustürzen auf diese eine, erlaubte sexuelle handlung! Meine augen richten sich auf mich. mein unter leib beginnt, langsam an meinen ober leib anzuwachsen.

Wenn ich verhüte, werde ich noch kränker, als ich es schon bin. um mit einem mann schlafen zu können, muß ich *patientin* werden. verhütung ist zu einem unlösbaren

problem geworden. ich bin mir wichtiger als die ver-
einigung mit dem penis.
Ich bin von mir durchdrungen.

Wenn ich Samuel sehe, entbrenne ich in zorn über seinen
starrsinn und seine bequemlichkeit. er ist besorgt über
meine entwicklung. seine welt, die welt des denkens
äussert sich bei mir ganz anders als bei ihm —
er prophezeit und orakelt. er windet sich bei meinen
überlegungen. er kann immer noch nicht zuhören. nach
wie vor verwechselt er feministische literatur mit gute-
nacht-geschichten.
Es wird immer weniger, was ich ihm über mein neues
leben mitteilen kann. er sitzt mit offenen armen vor mir,
sieht mich über den tisch hinweg an und meint, die frau
zu erblicken, die er 'kennt'. doch dahinter sitze ich.
Wird er jemals versuchen, den abdruck in ihm zum leben
zu erwecken, selber zu handeln? wird er mehr tun, als
anders auf frauen zu reagieren? wird er die anstrengung
wirklicher veränderung auf sich nehmen? wird er sich
dem allein sein aussetzen, um süchtigkeit von aussen
betrachten zu können? wird er sich zeit und energie
nehmen, um herauszufinden, dass ein einzelnes, anders
geführtes leben für den umsturz der ganzen gesellschaft
wichtig ist, ein einzelnes leben, das lange vor dem 'tag x' /
was ist der 'tag x' gelebt wird, das ihn vielleicht nicht
erreicht, aber beeinflusst? wird er darüber nachdenken,
wie weit sich ein anders geführtes leben ausdehnen kann,
bis das irre werden einsetzt, die erstickungsanfälle in
den u-bahnen, die schreie in den strassen?
Männer tragen lange haare, bunte unterwäsche, schmuck
und hochhackige schuhe, sie benutzen sprays und duft-
wasser. die entsprechenden firmen versuchen, ihre ware,
die bislang nur für frauen bestimmt war, an den mann
zu bringen. die rollen werden nicht angetastet. es bleibt

bei der nachahmung. die männer klagen, wenn wir sie verlassen haben. sie wollen nicht auf andere männer, auch nicht auf solche, auf die einige von uns bereits abgefärbt haben, angewiesen sein. sie wollen das echte, ursprüngliche, die quelle.

Samuel muss sich selber in die hand nehmen. ich gleiche sein gelerntes, männliches verhalten nicht mehr aus. solange er nicht allein sein kann und versucht, mit einem andern mann menschlichkeit anzubahnen, wird er immer mehr von mir wollen, als ich von ihm, und sein wollen wird auf gefühle und sexualität festgelegt sein. ich beherberge keinen mann mehr.

Eine schreckliche geschichte. der letzte satz zwischen uns am telefon. wir können sie nicht menschlich lösen. mit welcher menschlichkeit? woher kommt dieser anspruch auf menschlichkeit, darauf, dass zumindest privates — und damit vollziehen wir erneut die trennung zwischen privat und gesellschaftlich — menschlich lösbar sein müsste?

Meine abnabelung dauerte lange.

Das paargerüst erwies sich als ungeheuer, als stabiles, widerstandsfähiges ungetüm. ich wollte die sucht, teil eines paares zu sein, ausmerzen. das hiess über den eigenen schatten springen, in eine andere haut schlüpfen, sich erst von der alten haut trennen, von allein löste sie sich nicht.

Die prägung scheint unverwischbar. den kampf dagegen aufzunehmen bedeutet, die gehirnwäsche rückgängig zu machen.

Einen entzug auf sich nehmen.

Ich habe keine ruhe mehr. das ganze netz von liebe leidenschaft und partnerschaft, von sexualität gefühlen und persönlichem glück ist bis in die allerfeinsten verästelungen hinein brüchig geworden. ich höre auf, in paareinheiten — gleich welchen geschlechts — zu denken und zu leben. sicherheit, geborgenheit und gesellschaftliche anerkennung sacken zusammen. ich reisse die eigene behausung ein, um frei zu kommen. es ist die vertraute behausung vieler jahre. durch die latten pfeift bereits der wind einer unbekannten leere, eines raumes ohne spielregeln, ohne alte menschen, ohne neue menschen, spärlich bevölkert von fabelwesen, die neue menschen werden wollen.

Manchmal verspüre ich so etwas wie sexuelle bedürfnisse, selten im traum einen orgasmus. denke ich jedoch darüber nach, zu wem ich mit meinen bedürfnissen gehen könnte, werde ich unschlüssig. habe ich sexuelle bedürfnisse? was sind sexuelle bedürfnisse? falls es sie gibt, wie können sie gelebt werden?

Frau kann sich mit einem mann eher der täuschung hingeben, dass sexualität in dieser gesellschaft lebbar sei. männer haben gelernt, ihre bedürfnisse in genitale handlungen umzulenken und sie in einem raschen koitus zu befriedigen. sie haben befriedigung so definiert. frauen haben mitgemacht. die bestehenden zwischenmenschlichen verhältnisse sind dadurch nicht baufällig, sondern gefestigt worden. die verkümmerung wird vorangetrieben. penis und vagina heissen immer noch penis und vagina. sexualität hat noch einen eigenen namen, weil sie nach wie vor ein abgetrennter teil unseres lebens ist.

Fenna zerpflückt einen bierdeckel zwischen den händen. wir sitzen abends im vorgarten der 'Kastanie'.
"Könntest du dir denn vorstellen, eine frau zu lieben?" fragt sie und blickt kurz hoch.
"Ja", sage ich und lache verwundert. "dich zum beispiel!" eine kette aus bunten glasperlen läuft an ihrem hals

entlang, nur im sommer. ich lache nochmals kurz auf, über die einfache frage und die selbstverständliche antwort staunend. Fenna hat den bierdeckel sinken lassen. "Ach, gar nicht!" sagt sie ungläubig, durch ihre augen zieht ein wetterleuchten. die frau, mit der wir zusammen am tisch sitzen, kommt vom telefonieren zurück. wir sprechen von andern dingen. die verwunderung hält an. vorläufig bleibt es dabei. wir sind nicht verliebt. wir wissen lediglich, dass wir etwas miteinander zu *tun* haben wollen. mit diesem wissen verstreicht die zeit bis in die wintermonate hinein.

Am abend meines letzten arbeitstages im krankenhaus verbanne ich als erstes den wecker aus dem zimmer. ich werde von mir aus morgens die augen aufschlagen. ich werde mehr als fünf stunden schlafen. ich werde nicht mehr ständig entzündete augen haben. ich werde wach! meine gedanken überschlagen sich.
Die herbststürme brausen durch die frauenwohnung. katastrophen brechen herein. die wohnung beginnt zu bersten. die erste probe des neuen lebens wird nach einem knappen jahr abgebrochen. drei frauen mit ihren männern, nicht-mehr-männern, immer-noch-männern, auch-frauen, nur-frauen, kinderwünschen und einem kind stehen vor einem trümmerhaufen. ein projekt mehr, das an den menschen, die es sich ausgedacht hatten, scheiterte. das leben brach aus entwürfen anweisungen vorschlägen parolen aus. das unberechenbarste von allem was es gab, war ein kind und die wunschträume zur versorgung eines kindes.
Ein leben für frau und kind! ist es schon möglich, als frau ein leben für frau und kind zu leben? will ich wirklich verantwortung tragen für ein kind, das ich nicht selber geboren habe? will ich darauf verzichten, schwanger zu sein, zu gebären und zu säugen?

Ich würde ein kind mit dem sicheren wissen gebären, es ganz allein zu bekommen. die erfahrungen anderer menschen um mich herum haben mir gezeigt, dass ich mich auf nichts und auf niemanden ausserhalb von mir verlassen könnte: weder auf einen einzelnen mann, noch auf eine einzelne frau, noch auf eine gruppe.
Ich würde mit einem mann schlafen müssen, um schwanger zu werden. ich wäre aber nicht fähig, nur einmal mit einem mann zu schlafen, um ein kind zu erzeugen.
Ich müsste wieder ganztags arbeiten, um das kind ernähren zu können. ich müsste es tagsüber in eine krippe geben. wenn ich ganztags arbeiten (mit einem gehalt nicht weit über 1 000.— dm) und abends das kind versorgen würde, wann könnte ich vorwärts denken?

Mein kopf strebte zwei schritte vor meinem körper voran. die frauenwohnung aufgelöst. verlassen steht sie heute in der stadt. keine der drei frauen mag es richtig auf sich nehmen einzutreten und aufzudecken, was in den zurückgelassenen lebensräumen nistet.

Untergeschlüpft. ein vierteljahr, ein übergang.
Da hätte optimismus mich vorantreiben, neue pläne mich beflügeln müssen. ich war unschlüssig und erschöpft. die zeit des übergangs kam mir gelegen. mein zimmer war winzig, doch der tisch stand am fenster. es war ruhig zum hinterhof gelegen, die couch war ein meter breit. zum einschlafen stellte ich mir den kassettenrecorder nahe ans kopfkissen, so dass ich, mit einer gesichtshälfte dicht am silbrig durchlöcherten gehäuse beinahe lautlos musik hören konnte.

Ich arbeite wieder nachts. in der stille suchen mich einfälle heim, und ich kann an ihnen weiter denken. ich muss gewiss sein, dass niemand mich stört, dass ich niemanden antreffe auf dem weg in die küche oder zur toilette, dass das telefon nicht klingelt. morgens um vier entdecke ich den himmel. von den rändern der erde beginnt bereits, helligkeit aufzusteigen, dadurch wird der ausschnitt, der sich über das viereck hinterhof spannt, dunkelblau und wölbt sich zu einer kuppel. ich lehne aus dem fenster. wie kann der blasse fetzen, den ich ab und zu zerstreut oder sehnsüchtig wahrnehme, plötzlich zu einer dunkelblauen kuppel werden? meine wangen fühlen sich anders an. am liebsten würde ich unten vor den mülltonnen ein feuer anzünden und rumpelstilzchen spielen.

Noch sitzt mir die zeit, in der morgens die s-bahn eine minute nach sieben fuhr, und ich kurz darauf im gestärkten kittel den dienst antrat, genau in den knochen. erscheint mir der himmel so blau, weil ich die einzige im ganzen mietshaus bin, die ihn um diese zeit sieht? seit jahren habe ich nicht mehr erlebt, dass ich morgens um vier hell wach bin und schwitze, weil ich denke. mitten in der woche, nicht am wochenende, nicht auf einem fest, nicht mit jemandem zusammen, sondern allein.

In den zurückliegenden, verschütteten jahren habe ich gespeichert. jetzt, da ich wacher bin in einem raum mit mehr zeit und mehr kraft, kann ich die bruchstückhaften gedanken aneinander reihen.

Ich habe meine notizbücher der letzten zehn jahre studiert und beginne, zögernd mein geschichtsfeld durchzuarbeiten. unmerklich hat sich mein dasein auf meine geschichte und auf die frau, die ich jetzt bin, verlagert. noch ist es selten, dass ich tage hintereinander schreiben kann. ich werde von draussen beansprucht. neue gruppen, neue projekte fordern mitarbeit. ich beteilige mich, zwar schon überlegend, wie ich mich besser vor anforderungen bewahren könnte, doch mittlerweile reflexartig unterneh-

mungslustig geworden. ich treffe überstürzte fehlent-
scheidungen, die überstürzte rückzüge nach sich ziehen.
Neue projekte bröckeln schneller als früher, strukturen
lösen sich auf. ich gehe vor und zurück, zwischen meinem
aufgebrochenen geschichtsfeld und den zerfliessenden
strukturen um mich herum. mehr und mehr werde ich
auf mich selbst zurück geworfen. dieser aufbruch gilt mir.
Ich beginne, meine veränderbarkeit zu erfahren.

Sie wird zum wichtigsten und greifbarsten ausgangspunkt für alles weitere.

Ich habe eine reise nach Amerika und Mexico geplant.
der zeitpunkt ist richtig. ich werde fernab alles besser
betrachten, vielleicht sogar entscheidungen treffen können. auf alle fälle werde ich wieder reisen lernen.

Ein vierteljahr lang habe ich nie privaten besuch. im
gemeinschaftszimmer der wohnung tagen ab und zu ver-
schiedene frauengruppen. ich vermisse nichts. doch eines
nachts sitze ich aufgestört an meinem arbeitstisch. hinter
mir liegen wochen von höchster anspannung, angefüllt
mit vorbereitungen, projekten, terminen. seit einem
dreivierteljahr ist es das erste mal, dass ich mich mit
einem mann zum essen getroffen habe. seit langer zeit
ist es überhaupt das erste mal, dass ich privat mit jemandem einen ganzen abend verbringe. wir reden stundenlang. wir sind unbelastet, neu füreinander. auf der
strasse draussen umarmen wir uns plötzlich lachend.
wie einfach das geht, wie automatisch.
Als ich den koitus ausklammerte, fielen berührungen,
die sonst nur als beiwerk zum koitus erhältlich waren,
auch weg.
Die wege zu frauen sind verbarrikadiert. uns sind hände
und füsse gebunden, wenn wir zu uns selber gelangen

möchten. erregt es mich mehr, einem mann zu gefallen als einer frau? wir sind *abgerichtet,* sage ich laut. dieses kümmerliche wort sozialisation! dieser beschönigende begriff konditionierung!

Wir können uns nur bewegen, wenn wir auf das andere geschlecht zugehen, und das nur in bewegungsmustern, die wir durch die abrichtung gelernt haben. in ihnen wissen wir uns zu verhalten, wie grauenhaft das schweigen zwischen den geschlechtern sein mag, wie mörderisch die einzelnen handlungen, wie ungleichzeitig und ungleichartig die bedürfnisse.

"Nein", sage ich zu ihm.

"Ich will das anfassen nicht. ich möchte Fenna auf eine uns eigene, selbstverständliche art anfassen können. ich kenne sie länger als dich. sie ist mir vertrauter, als du es bist. woher wachsen mir die vielen arme und beine, wenn ich sie berühren will?"

Zwischen Fenna und mir gab es die stillschweigende übereinkunft, dass wir uns nicht mit dem leben der andern frau einlassen wollten. unsere arbeit durfte nicht darunter leiden, dass wir einander zu stark beanspruchten, dass wir anfingen, einander in gedanken zu tragen, uns nacheinander zu sehnen. ganze zeitalter würden dem malen und dem schreiben verloren gehen, wollten wir einander wirklich begegnen und erkennen.

Allmählich aber konnten wir die veränderungen, die in uns stattfanden, nicht mehr übersehen. die zu neigung, mit der wir uns zeitweilig streiften, meinte ich, mit händen greifen zu können. wir strahlten uns aus weiten augen an, wenn wir uns trafen und wurden rot — ohne unsere freude in eine anhaltende umarmung umsetzen zu können. ich bekam einen unruhigen und schlechten schlaf, wenn wir im selben bett lagen. ich befürchtete, ihr im schlaf zu nahe zu kommen.

Wir legten im gehen die arme um unsere schultern oder

hüften. wir strichen uns ab und zu über die haare. wir verabschiedeten uns in schwesterlichen umarmungen nach den gruppensitzungen. wir umarmten uns mit armen händen schultern und rieben wange an wange. wir küssten uns flüchtig aneinander vorbei, über unsere unbeholfenheit lachend, im auseinandergehen stolpernd, erneut lachend und mit einer hand noch kurz über hals und wangenlinie rutschend, wie um uns gegenseitig kund zu tun, wie gerne wir länger aneinander verweilen würden.

Wir umarmten uns nicht mit brüsten becken und beinen bei unsern schwesterlichen umarmungen. wir küssten uns nicht auf den mund, wie linke frauen und männer es so ungezwungen zwanghaft tun (es war unter umständen eher möglich, den freund einer andern frau zu küssen, als die frau selber).

Wir befanden uns in einem leeren feld. wir wollten nicht nachahmen, sondern aus uns heraus, aus dem erotischen rohstoff zwischen uns neue wege und handlungen formen. die leere wirkte verwirrend.

Die erinnerung an die alten verhaltensweisen verblasste unendlich langsam. die übertragung schien griffbereit.

AUSNAHMEZUSTAND

"Mit frauen kann ich besser reden als mit männern", sagt
eine freundin zu mir.
"Ich kann besser wohnen, besser leben mit frauen, mit
ihnen fühle ich mich wohler als mit männern —"
"Aber warum", frage ich sie,
"Warum hast du eine verbindung mit einem mann, wenn
du mit frauen besser *reden wohnen* und *leben* kannst?"
"... Anerkennung ..." sagt sie, "und — es ist ... sexuell
... ich meine — ich habe es kaum versucht, aber auch
deshalb, weil ich es ... nicht besser fand als mit einem
mann —"
"Ich weiss, was du meinst", sage ich, "Fenna und ich hatten auch schwierigkeiten. nicht, weil wir anerkennung
von männern wollten, sondern weil wir nicht wussten,
wie wir eine neue, uns eigene leidenschaft herstellen
sollten — es gibt eine verbundenheit unter frauen, in der
anteilnahme, erotik ... aufrichtigkeit und geborgenheit
ineinander verwoben sind. viele der gefühle, die uns mit
einem mann meistens zum verhängnis werden, sind

82

gleichzeitig... ein vorrat, aus dem wir uns selber und einander gegenseitig stärken können. frauen haben grössere reserven. bei einem mann setzt die menschliche verkümmerung meist so frühzeitig ein, dass er weitgehend jeden menschlichen bezug verloren hat... seine position kann er aber nur solange halten, wie er von uns körperlich und seelisch... unterstützt wird —"

"Aber männer sind doch auch nur abgerichtet!" unterbricht sie mich. "du kannst ihnen doch nicht vorwerfen, dass..."

"Tue ich keineswegs", sage ich. "ich werfe ihnen nicht vor, dass sie gelernt haben, sich so zerstörerisch zu verhalten, wie männer sich verhalten sollen... was ich hingegen erwarte, ist dass sie umlernen *wollen* — aber ich kann keine anzeichen davon sehen..., und zwar bei männern, die von ihrer arbeitssituation, ihrer lebensform, ihrem intellekt her sehr wohl in der lage wären, sich zu verändern, die auch äussern, daß sie sich in ihrer männlichen haut nicht wohl fühlen..."

"Aber es sind doch nicht alle so... manchmal ist es doch möglich, mit einem mann... menschlichkeit zu leben... auch sexuell... eine menschliche sexualität..."

"Es ist möglich, mit einer frau eine sexuelle menschlichkeit zu leben," entgegne ich.

"Unter frauen gibt es auch machtkämpfe", sagt sie, "die ausschliesslichkeit ist nicht aufgehoben, es gibt noch eifersucht, dramen und katastrophen..."

"Es ist so bequem, von frauen zu sagen, sie machen es ja auch nicht besser", erwidere ich. "dahinter steht die erwartung, dass frauen erneut menschlichkeit vormachen sollen — weil sie frauen sind...

Menschlichkeit ist harte arbeit. wenn frauen zusammen kommen, treffen sich auch nur menschen, die von dieser gesellschaft verkrüppelt worden sind. aber sie haben dieselbe ausgangssituation — ihr geschlecht ist ihre hautfarbe — sie haben eine gemeinsame kulturgeschichtliche, sexistische... herkunft, sie leben gegenwärtig in derselben sexistischen gesellschaft... unter sich können sie die rollen loswerden, wenn sie es wirklich wollen —, wobei ich finde, dass es grundsätzlich darum geht, dass eine frau mit sich selber zurecht kommt, nicht darum, ob sie schon mal mit einer andern frau geschlafen hat —"

"Jaja", fällt sie ein, "mit frauen ist es einfach nicht unbedingt besser..."

"Das ist zu kurz geschlossen", entgegne ich.

"Einmal geht es darum, *grundsätzliches* in den verbindungen zu andern menschen verändern zu wollen, das heisst unter anderem auch... auf geregelte verbindungen, die sich in vorgeformten mustern bewegen.... zu verzichten. es geht darum, dass frau nicht mehr einen andern menschen braucht, um sich überhaupt als ganzen menschen zu fühlen. das ist aber abhängig von der arbeit, die sie macht, von den kindern, die sie hat, von den ganzen belastungen, die ihr leben schon durchkreuzen — woher nimmt sie die kraft, um auszubrechen? um unnormal zu werden? für mich ist es inzwischen richtig unnatürlich geworden, ja, ... *unnatürlich,* dass ich nur zu einem geschlecht zugang haben soll, dass ich die letzten — sechsundzwanzig jahre beispielsweise ohne die brüste einer andern frau leben musste... wie hätte ich wissen können, wie es ist, mein gesicht in brüste zu betten? ich erfahre etwas über mich selber, wenn ich mit einer andern frau zusammen bin. mit einem mann erfahre ich nur, dass ich anders bin, und dass mein körper für ihn da sein soll, nicht aber wie mein körper wirklich ist, und wie ich bin —"

"... Aber die spannung... die anziehung... etwas fehlt —"

"Das, was üblicherweise 'sexuelle reaktion' genannt wird?" frage ich, "geschieht nichts, wenn du mit einer

frau zusammen bist? du spürst nichts in der magenkuhle, du sitzt ihr gegenüber, etwas unbeholfen vielleicht —"
"Genau", sagte sie, "so fühle ich mich!"
"Ja", sage ich, "aber das ist es doch, warum willst du denn mit ihr schlafen? du spürst diese verbundenheit mit ihr, endlich triffst du an, was du sonst männern gegeben hast, erstmalig fliesst ein gefühl von aufmerksamkeit, stärkung und anteilnahme nicht nur von dir weg, sondern auch zu dir zurück, du spürst, wie eine andere frau in dir eine ... *Sehnsucht* auslöst, aber bislang haben immer nur männer davon gesprochen, dass frauen sehnsüchte in ihnen auslösten... löst ein mann an sich in dir sehnsüchte aus? ist es nicht vielmehr so, dass deine sehnsucht die sehnsucht ist, in ihm sehnsüchte auszulösen? ... wir haben doch gelernt, nicht unsern körper zu lieben, sondern... das verlangen, das er im mann auslöst... lieben wir den männlichen körper oder ... lieben wir das begehrt sein durch ihn? die zeit, in der der männliche körper sehnsüchte in uns auslösen könnte... ist generationenweit entfernt —. wonach sehnst du dich denn, wenn du dich nach ihm sehnst?"
"... Bestätigung..." sagt sie zögernd, "kommst du denn ohne die bestätigung von männern aus?"
"Was sollten sie mir bestätigen..., dass sie mich gut finden, dass ich in ihren augen so bin, wie sie sich eine frau vorstellen? bei den augen fängt übrigens mein unbehagen an, ganz konkret bei diesen augen, in denen sich die verrenkten frauenkörper aus linken und rechten illustrierten spiegeln. vor diesen verzerrten augen... sollen wir den vergleich bestehen, sie fixieren mich, und ... ob ich mich ganz fühle oder nicht, sie zerlegen mich wieder in einzelteile, sie bleiben doch wieder an meinen brüsten hängen... nicht nur auf der strasse, auch bei freunden und bekannten ist es so. immer ist dieses unbehagen da..., dass ein mann etwas von mir will. er will

auf jeden fall, dass ich mich grundsätzlich auf ihn be-
ziehe, sobald er anwesend ist — weil er ein mann ist und
ich eine frau bin — er erwartet, dass ich ihn beachte,
dass er mich interessiert — weil er ein mann ist und ich
eine frau bin — aus keinem andern grund! er setzt selbstverständlich voraus, dass die frau, die er beifällig an-
starrt, für ihn da ist . . . ich kann mich unter frauen jetzt
unbefangener bewegen . . ."

"Aber dann ist die einseitigkeit doch nur umgekehrt!"
sagt sie, "das ist doch auch nichts anderes —"

"Doch", sage ich, "da ist etwas anders. sicher ist es ein-
seitig, das ist aber nicht mein ausgangspunkt, mir geht
es darum, ob ich zerstört werde oder nicht, ob ich ge-
schwächt werde oder gestärkt . . . die auseinandergerisse-
nen zusammenhänge lassen sich nicht von heute auf
morgen herstellen! . . . und wieso sollten frauen das allein
tun? sie geben den anstoss, so dass männer handeln müssen. — ich kann beispielsweise nicht davon absehen, dass
in den jahrtausenden von männer herrschaft penis und
werkzeuge . . . zu waffen geworden sind, und die haltung
allem lebendigen gegenüber entsprechend quälend und
tödlich ist. die erfahrungen, die die meisten frauen beim
koitus gemacht haben sind grauen voll, von abtreibungen
und folter ganz zu schweigen —"

"Es ist alles so kompliziert geworden!" sagt sie. "aber es
muss doch möglich sein, mit einem einzelnen mann
menschlichkeit zu leben . . . ich will ihn ja nicht aus-
schliessen, aber ich stehe ihm nicht mehr allein gegenüber, ich bin von frauen umgeben —"

"Ja, ein mann kann so aufdringlich im zimmer hocken
bleiben, wenn seine freundin mit andern frauen allein
reden will!" wir lachen beide auf.

"Dieser was-tust-du-mir-an-blick", sagt sie, "weil ich
endlich nicht mehr allein bin neben ihm! früher hat er
sich auch nicht darum gekümmert, was ich machte — er

hatte seine arbeit, seine fussballfreunde, seine politische gruppe und mich — doch jetzt, wo ich eine frauengruppe habe — was passiert da bei ihm?"

"Manchmal verspüre ich neue empfindungen mit einer frau", fährt sie fort, "eine andere art von anziehung... die sich sekundenlang so verdichten kann, dass sie bis in den nächsten tag hinein anhält. es ist auch eine erotische empfindung, und sie füllt mich aus — sie ist nicht nur das signal für ein fragwürdiges 'mehr' —. früher glaubte ich mich einen tag lang zufrieden, wenn ich mit ihm geschlafen hatte, ob mit oder ohne orgasmus, einfach durch das zusammen sein mit ihm — jetzt fühle ich mich leer, wenn wir miteinander schlafen, obwohl es mir spass macht, mit ihm habe ich lust... erregung..."

"Hast du das wirklich", frage ich, "oder sagst du das, weil es sich so eingebürgert hat, und weil du damit den koitus beschönigen kannst? meistens schlafen wir doch mit einem mann, weil wir sozial darauf angewiesen sind, nicht weil wir uns ... heimisch fühlen ... wir nehmen einen mann auf, das gibt uns ein gefühl, gebraucht zu werden. und wenn der koitus unangenehm oder demütigend ist, so haben wir doch genügend möglichkeiten, bis zu einem gewissen grad unbeteiligt zu bleiben. — was sich in der tiefe zwischen penis und vagina tut, braucht uns letztlich nichts anzugehen. der penis ist zu fremd, um einen wirklich... berühren zu können — die schizophrenien sind unübersehbar vielschichtig geworden! wir brauchen sie als selbstschutz — zum überleben ... wir flunkern ja auch lust vor, um vollwertig zu erscheinen, um in ruhe gelassen zu werden — könnt ihr denn über sexualität reden?"

"Kaum", sagt sie, "er bekommt angst, ist verletzt, ich habe schuldgefühle — wie soll ich ihm denn sagen können, dass ich mich unausgefüllt fühle, wenn ich mit ihm geschlafen habe... keine verbundenheit spüre, dass ich wochenlang nicht mit ihm schlafen möchte... vielleicht würde dadurch ja alles besser, wenn die abstände dazwischen grösser wären, wenn wir mehr reden würden — kannst du denn mit Fenna reden? hattet ihr sexuelle schwierigkeiten?"

"Ja", sage ich, "es dauerte lange, bis wir das gefühl hatten, einander offen begegnen zu können und darüber zu reden, was jede von uns wollte. auch bei ihr brauchte ich lange, bis ich glaubte, dass sie meinen körper schön fand. zwar konnte ich ihr anders glauben als einem mann, aber mir selber glaubte ich nicht... ich merkte auch, dass das gefühl für berührung an sich mit einem mann meist verlorengeht, weil es überschüttet wird mit anweisungen für vorgeschriebene reizungen und vorgeschriebene antworten —"

"Ja, so kommt es mir auch vor. doch wie werden die neuen berührungen ... neu aufregend?"

"Mit der zeit", sage ich, "zeit hat wirklich eine wichtige rolle gespielt, um viele erfahrungsschritte zu machen und allmählich eine vertrautheit aufzubauen. jetzt ist eine neue art von sehnsucht entstanden, von erregung und von *hingabe* — hingabe, die mit *zuwendung* zu tun hat, nicht mit unterwerfung und gewalt tat. — die männergesellschaft sitzt uns allen unter der haut. es erfordert eine ungeheure kraft, sie nicht jeden tag neu herzustellen mit vertrauten handgriffen, wünschen, tätigkeiten und reaktionen... warum schminkst du dich beispielsweise, wenn du aus der frauenwohnung weg zu einer verabredung mit einem mann gehst, während du in der wohnung ganz 'natürlich' bist?"

"— ich will gut aussehen, ihm gefallen..."

"— Verabredest du dich auch mit einer frau zum essen? bist du aufgeregt davor, gespannt, freust du dich darauf oder kommt sie dir weniger interessant als ein mann vor? hat sie dir keine abenteuer zu wasser und zu land zu

berichten, hast du das gefühl, dass ein mann dein ein-
geschlossen sein besser aufheben kann — vorübergehend
jedenfalls?"
"Frauen können ja auch draussen weniger erleben, aber
das ist es nicht. sie interessieren mich mehr als männer,
ihre geschichte, ihre leben interessieren mich mehr, ich
kann ja auch besser mit frauen reden als mit männern.
aber wenn wir dann aufstehen... und vielleicht gehen
wir noch zusammen nachhause... fällt mir nichts mehr
ein —"

Der winter nach meiner rückkehr aus Amerika ist mild.
im dezember können wir frühlingsspaziergänge im charlottenburger schlosspark machen. krokusse blühen ver-
einzelt, Fenna und ich gehen mit offenen mänteln. sie
bleibt stehen, hält ihr gesicht in die sonne und sagt
langsam, ich möchte so gerne wieder einmal leidenschaftlich lieben —
Ich habe überhaupt keine lust mehr, aber ich möchte
wieder einmal diese leidenschaftlichkeit erleben. mit einer
frau erleben, dass ich eine bestimmte erregung bereits
spüre, wenn ich zur türe hereinkomme... ich glaube, wir
können das gar nicht mehr.
Ich nicke. ja, sage ich zu ihr, mir geht es ähnlich. ich bin
immer noch genesungsbedürftig. die erholung, die ich
nach den schädigungen der letzten zehn jahre benötige,
dauert länger, als ich vermutet habe. ich verspüre keine
bedürfnisse nach sexualität. ich möchte ruhe haben, fried-
lichkeit und zeit zum schreiben. was ist leidenschaft? was
ist erregung?

Vor einem jahr nahm die expedition mit Fenna erkennbare formen an, kurz bevor ich nach Amerika fuhr. wir
gerieten in brachliegende gegenden von menschlicher
zuneigung. ohne anfängliche verliebtheit aufgebrochen,

bewegten wir uns eckig um einander herum. über lange zeit waren wir mit nicht viel mehr ausgerüstet als mit dem wissen, dass wir miteinander zu tun haben wollten — doch selbst reden mussten wir lernen. wir waren gleichzeitig hilflos und dankbar in dem leeren, unausgeloteten raum.

Ich bin übrigens sicher
dass du früher bäume bewohntest
wie ich seen und flüsse.
in meinem funkelnden mooshaar, ja,
brach sonnenenergie.

Deine haare fächerten
mit den wurzeln den boden.
sie speichern noch immer erinnerung
an das leben im innern der rinde
in jeder einzelnen der dunklen sehnen
spannt sich die stärke
vom überleben im wald. die knorren
der stämme, auch sie
hast du mitgebracht.

Deine hände holprig nass
sobald ich mit dir leben
will, nicht überleben. unwirkliches
blättergrün. du nimmst
zuflucht in einem zipfel der bettdecke
um deine hände zu trocknen, aber auch
um mich von deinem
leben abzuhalten
und dich so weit zu verkriechen
dass nur noch die waldaugen zu sehen sind und
die kleinen wurzelhaare an der stirne.

Das leben im wasser längst vorbei
entstiegen
auf einen kahlen felsen. ringsum
mörderischer sumpf, kein ende
abzusehen. der felsen
ist zu schmal für zwei
noch zuwenig grund geschaffen
für ein leben über dem wasser
ein rest mooshaar, ja
sonnen

Du irrst durch die wälder, los
gerissnes haar, die meisten
frauen längst ausgewiesen
oder verkümmert
verkrüppelt und morsch.

Wenige haben sich recht
zeitig losgerissen

Viele
      Einzelne

                  Brüten wir die welt neu aus
                  Wir schüren die zeit
                  Wir legen die schattenhaut ab
                  Das feuer bricht aus

Ich weiss nicht mehr,
wieviele nächte es waren in jenem winter, der nun beinahe zwei jahre zurückliegt, in denen Fenna und ich uns zusammen in ein bett legten und — rücken an rücken — einander wärmten, bevor wir uns zum schlafen einrollten.

Die sachlichkeit, mit der wir uns auszogen und unter die decke schlüpften, war wohltuend. wir murmelten vielleicht noch dieses und jenes, zündeten hier und da eine kerze an, ich wärmte meine füsse, wenn sie allzu eisig waren an ihren beinen, bevor wir uns umdrehten und aneinander rückten ... wir waren behutsam und fürsorglich zueinander. die wochen vergingen friedlich und unbeholfen. da wir nicht wussten, wie wir uns berühren sollten, berührten wir uns kaum. da wir nicht wussten, wie wir unsere körper ansehen sollten, betrachteten wir einander nicht.

Mein bedürfnis, nach getaner arbeit die türe meines zimmers aufzustossen und einen fuss vor den andern setzend, zu Fenna zu gelangen, war mir mittlerweile bewusst. ein verlangen, nach getaner arbeit andere sprachen zu sprechen, hautworte, lachende kullernde kugelige laute, war erneut in mir entstanden.

Ich trat auf der stelle.

Ich konnte mich auf nichts besinnen, womit ich zwischen Fenna und mir hätte handlungen anfachen können. die aufrichtigkeit zwischen uns liess sich durch keine unlauterkeit und nachlässigkeit überspielen. das spröde an Fenna, das mir bis daher in meinem sexualitätsentzug entgegen gekommen war, schien kaum veränderbar. warum half mir die vertrautheit mit Nadjenka nicht? ein vergleich war nicht möglich. Nadjenka und ich waren zu sehr aus ähnlichem stoff gemacht. wir hatten kaum schwierigkeiten gehabt, uns zu berühren. zwischen uns war bald ein selbstverständliches bedürfnis entstanden,

in das wir eintauchen konnten. anders kannte ich es nicht.
wenn ich nicht gleich eine gewisse, unerklärliche faszination spürte, konnte ich mit dem betreffenden menschen
auch keine liebes geschichte schaffen.

Nun erlebte ich, dass erotik erst im laufe der zeit entstand. zögernd und zaghaft, gleich hinter uns zusammen-
fallend, wenn wir uns voneinander lösten. sie hatte nicht
viel lebensenergie zu anfang.

Es gab da aber das gefühl, erstmalig die fäden in der
hand zu haben, nicht in vorgeformtes hineingezogen,
nicht von undurchschaubaren handlungsabläufen und
reaktionen gegängelt zu werden, sondern bei vollem be-
wusstsein selber die fäden zu spinnen.

Ab und zu verbrachten wir einen ganzen tag zusammen
und streiften draussen umher. es war nach einem solchen
spaziergang, dass wir bei Fenna zuhause noch musik hörten. wir kuschelten uns dabei aneinander. das einverständnis in unsern augen sprang über, unsere gesichter
begannen, sich einander zu nähern, bis sie dicht vorein-
ander stehen blieben. ich konnte in das schattenhalbrund
unter ihren augen eintauchen. der rand der iris leuchtete
grün auf in den letzten sonnenstrahlen, die durchs fenster
kamen. von dem grün flossen grauweisse strahlen, in
denen rostrote punkte glänzten, auf die pupille zu. die
wimpern darüber senkten sich lächelnd und verflochten
sich langsam mit denen am unteren lidrand.

Wir konnten uns kaum voneinander lösen, aufseufzend,
lachend, "warum nur haben wir nicht schon längst" — die
hindernisse schienen beseitigt. sie richteten sich über
lange zeit immer wieder zwischen uns auf.

Obwohl wir kurz darauf wegfuhren und eine ganze woche
zusammen auf einem bauernhof verbrachten, schliefen
wir nicht miteinander.

Mit unsern wünschen auf die nächte verwiesen, da wir
nicht allein waren. Fenna brauchte zudem das tageslicht

zum malen. wir wollten die zeit und die ruhe dort nutzen, nicht etwa um der sexualität willen die arbeit vernachlässigen.

War es das?

War es nicht die angst vor dem vernebelten kopf, die unsicherheit darüber, wie sehr sich unsere leben verstricken könnten, die ungewissheit, ob wir schon fähig waren, teile voneinander mit uns herumzutragen, und doch einzelne menschen zu bleiben?

Unser schwanken nährte sich aus der gewöhnung beider an eine zeit von allein sein, aus der erfahrung, dass es in gewisser weise tatsächlich einfacher war, mit den anstehenden problemen allein fertig zu werden.

Stückchen für stückchen, schwesterchen
leben für leben
versteinerung für versteinerung
vergangenheit für vergangenheit
fingerkuppe für fingerkuppe
angst für angst
nähe für nähe
lächeln für lächeln
wort um wort
haut um haut
zuneigung um zuneigung
O schwesterchen
du wirst staunen, was für berge wir zusammentragen!

Seltsame dinge ereigneten sich in der woche auf dem bauernhof. zu all den schwierigkeiten, die wir uns selber machten, kamen äussere ereignisse hinzu, die verhinderten, dass wir zusammen kommen konnten. es brauchte wenig, um uns auseinander zu bringen.

Einmal ging vor dem fenster ein lautes katzengeschrei los, gerade als unsere lippen die verbindung zum

letzten kuss wieder hergestellt hatten. uns blieb das herz
stehen, wir sassen kerzengerade im bett. war da nicht
eben noch der schatten eines mannes gewesen? war es
tatsächlich nur der wind, der durch die bäume strich?
hellwach und ernüchtert, lagen wir wieder getrennt
nebeneinander.

"Katzen!" murmelte Fenna im einschlafen, "dass uns
ausgerechnet katzen stören!"

In einer andern nacht, als wir uns trotz sonnenbrand und
schüttelfrost umarmt hielten, hörten wir hinter unsern
köpfen ein eigenartiges, kratzendes geräusch: auf dem
kissen sass eine winzige maus. wir standen mit einem satz
mitten im zimmer. die maus verschwand in einem un-
sichtbaren schlupfloch. wir legten uns wieder hin und
betonten, dass wir uns zwar nicht vor mäusen fürchteten,
es aber auch nicht gerne hätten, wenn sie uns plötzlich
übers gesicht liefen. ich konnte nicht schlafen. das kratzen
hörte ich ab und zu noch, morgens um vier sass die maus
tatsächlich noch einmal neben meinem kopf.

Wir waren zu mehreren frauen in einen kurort ans meer
gefahren. das schloss, in dem wir wohnten, war ein
labyrinthartiges, riesiges gebäude mit verschiedenen auf-
gängen.

Im dorf stand ein kleines altes badehaus aus versunkenen
zeiten, in dem es auch eine sauna gab. dort hatten wir uns
mit der alten frau des dorfes verabredet. Fenna wollte
in unserm beisein mit ihr schlafen. niemand wunderte
sich, es war ein ritual.

Die alte war verhutzelt, verschrumpelt und zerlumpt. sie
erweckte den eindruck, als ob sie eigentlich nach lebertran
riechen müsste. sie trug fellschuhe und humpelte. sprach
kein wort, war aber sehr freundlich, abgeklärt freundlich.
sie hatte abgeschlossen mit der welt.

Wir sassen alle im badehaus und warteten auf sie. nachdem sie gekommen war, setzte sie sich auf den boden und begann, langsam und umständlich ihre strümpfe auszuziehen. ich sass neben ihr. sie trug feste, graue baumwollstrümpfe über enorm dicken beinen, an denen sich krampfadern herauswölbten.

Wir betrachteten ihre hässlichkeit mit ehrfurcht, wussten wir doch, dass diese das ergebnis eines normalen frauenlebens war. die ästhetischen vorstellungen, die wir noch hatten, wollten wir über bord werfen und anfangen, archaische, unförmige alte wie sie zu verehren.

Mir dauerte das ganze zu lange, ich ging weg. die andern erzählten mir später. dass das ritual doch nicht stattgefunden hatte, warum weiss ich nicht.

Wie sollten Fenna und ich unsere scheu und unsere ängste überwinden? wie sollten wir die lippen zwischen unsern beinen berühren küssen und ansehen?

Ist es diese vorstellung, die schockartige abwehrreaktionen hervorruft, wenn von lesbischer liebe die rede ist? der eigenen hand, der männlichen hand, dem penis, dem männlichen mund wird gestattet, was frauen untereinander verboten ist.

Wir haben gelernt, den penis zu küssen, uns aber zu ängstigen vor den lippen zwischen unsern beinen.

Die hand auf dem weg zur klitoris
einer andern frau
legt jahrhunderte zurück.

sie kann sich tausendmal verirren, oder erstarren.
sie kämpft sich durch brocken von zivilisation.

mehr noch, der weg, den sie zurücklegt,
führt zu einer stelle, die keinen namen hat:

Ich habe keine klitoris.
Ich habe keine vagina. keine scheide. keine möse.
Keinen busen, keine warzen.

    •

Mein körper ist körperlich. an meinem körper gibt es keine stellen, die diesen körperlosen und brutalen bezeichnungen entsprechen. klitoris hat nichts zu tun mit der stelle an meinem körper, die klitoris genannt wird. um ein anderes wort dafür zu finden, muss ich noch länger anders leben als damals, da ich noch glaubte, mit klitoris etwas verbinden zu können.

Ich identifiziere mich nicht über die stelle an meinem körper, die klitoris genannt wird, sie ist nicht mein mittelpunkt. ich schmälere nicht ihre bedeutung, doch ich will nicht von neuem auf einen punkt meines körpers beschränkt werden.

Ich beginne, mich beim namen zu nennen.

Ich füge die einzelteile zu einem ganzen körper zusammen. ich habe brüste und ein becken.

Die beine laufen in rundungen falten und lippen zusammen. ich gleite und sinke mit Fenna durch wiesen von lippenblüten (nur ein mann konnte diese erotische frauenblume aus der art der lippenblütler *löwen*mäulchen nennen).

— Wir nennen sie jetzt einfach schamlippler, überlegt Fenna.

Ich inszeniere: guten tag, ich hätte gerne einen
                strauss schamlippler —

— Was wollen sie?! machen sie, dass sie hier rauskommen, sie!

Fenna und ich rollen schallend auseinander.

Nein, sage ich atemlos, wir haben auch keine *scham*lippen. ich sehe mich genau an, vertiefe mich in die färbungen, die schattierungen, die hautverschiedenheiten. meine lippen sind runzlig eingerollt. sie sehen wirklich aus wie eingerollte blütenblätter, bräunlich, wenn ich sie sachte aufrolle, glänzend rosa. die vielen unbekannten farb töne am eigenen körper! wir schaffen uns neu durch ertasten betrachten besprechen.

Meine brüste schwingen an ihrem körper hin und her, er beginnt zu lachen, vor neuartigen empfindungen zu vibrieren. sachte setze ich ihr eine brust aufs auge. wie bezeichnend, dass mann 'wie eine faust aufs auge' sagt...
— Es sieht schön aus

             Ja, violett —
— Konntest du zwischendurch nicht mehr?

             Nein, ich hatte dich verloren —
— Ist ja manchmal wirklich schwierig...

Lachkugeln steigen im zimmer auf. genitaler ernst, wo ist dein stachel?

"Ich kann immer noch nicht mit uns umgehen", sagt Fenna im letzten gespräch, bevor ich nach Amerika fuhr. "Ich kann uns nicht einbauen in mein leben. ich weiss nicht, ob ich es überhaupt will — malen steht für mich nach wie vor an erster stelle."

Ich fühlte mich zurück geworfen. "Was zwischen uns ist", fuhr sie fort, "ist bis jetzt keine hilfe. ich fürchte immer noch, vereinnahmt zu werden."

Sie sass weit entfernt am andern ende des bettes. ich schickte meine hand vor.

"Nicht", sagte sie, "nicht anfassen. ich muss erst reden."
— "Wir können reden und anfassen", entgegnete ich.

Sie wehrte ab. "Ich kann das nicht."

Unsere ersten schwierigkeiten, von einem leben zum andern verbindungen herzustellen, tauchten immer wieder auf. sie schienen sich nicht zu verringern mit der zeit. sie konnten uns nach wie vor zu boden drücken. stets kam die angst zur sprache, ob wir überhaupt wollten, dass ein anderer mensch in unserm leben wichtig würde. die gefahr, dass gefühle uns als unkontrollierbare sehnsüchte schmerzen und katastrophen heimsuchten, war zu bedrohlich. wo verläuft die grenze zwischen zu selten sehen und sich unbekannt bleiben, vertraut sein und süchtig werden?

Unsere zusammenkünfte waren spärlich, die abstände dazwischen lang. es schien immer gleich wenig, worauf wir zurückgreifen konnten. das vertrauen vermehrte sich nicht sonderlich, die zurückhaltung verringerte sich kaum. die anknüpfung bei jedem neuen treffen erforderte ihre zeit.

Reden erschöpfte mich immer noch. es war schwerarbeit für mich, reden zu lernen. nach zwei stunden fielen mir einfach die augen zu.

Sexualität war für uns nie eine rückzugsmöglichkeit, keine ersatzsprache für alles unausgesprochene, für alles, was sich sonst nicht ereignete, kein überspielen von schwierigkeiten. das zusammen sein forderte den raum vieler stunden. unsere zärtlichkeiten waren weitschweifig. in der zeit, in der wir uns einmal küssten, hatte sich früher ein koitus abgespielt, und ich stand schon wieder angezogen vor seiner tür.

Heute fahr' ich nach Amerika, sagte ich am morgen nach diesem gespräch zu mir, als ich durch die leeren strassen nach hause wanderte und musste lachen. das wort Amerika sagte nichts aus. ich wusste lediglich, dass ich drei monate reisen würde. in Berlin hatte ich nichts mehr zu tun, noch hielt ich nicht nach neuem ausschau. ich brauchte nur leicht zu sein in diesem abgestreiften raum, Fennas warme, trockene eidechsenhaut noch an mir.

In Frankfurt telefonierte ich noch einmal mit Nadjenka. ihre stimme rauscht in meinem ohr, lange über die ankunft in New York hinaus.

Ich habe angst um dich, sagt sie.

Ich will sie beruhigen: es wird mir schon nichts passieren.

Ich habe immer angst um dich, sagt sie, da brauchst du nicht erst nach Amerika zu fahren.

Lange habe ich sie nicht gesehen. das treffen im frühjahr auf einer frauenkonferenz war zu kurz und zu zerrissen.

sie fuhr mit einer freundin im auto hin, um mich zu sehen. Ich steckte im knäuel der internen diskussionen. sie traf mich zwischen arbeitssitzungen, vollversammlungen und einzelnen frauen an, ich war geschäftig, ich arbeitete, hatte keine zeit, um mich privat mit ihr irgendwo hinzusetzen, es ging um politik —

Konnte unsere konferenz etwas für Nadjenka bedeuten? konnte sie folgen haben für Nadjenka, ihre tochter, ihren ehemann, ihren haushalt, ihr leben im vorort?

Ich spürte einen stich, als ich sie sah. warum hatten wir keine gemeinsame arbeit? konnte unsere arbeit ihr wirklich nichts geben, warum unternahm sie nichts? sie versuchte, im flug zu lachen. die hellen haare flatterten nach wie vor von ihrem gesicht weg. sie stand neben der freundin, mit der sie gekommen war, diese hatte auch ein kind. sie schienen sich gegenseitig unterstützen zu können, wollten vielleicht zusammen in urlaub fahren.

Jetzt verändert sich ihr leben, dachte ich.

Sie wird ohne mich auskommen.

Wann hatte ich ihr wirklich hilfe angeboten?

Und: wäre es eine hilfe gewesen, hätte ich mein leben mit ihr geteilt?

Ich nahm das risiko nicht auf mich, mein leben umzustellen, mit ihr neu anzufangen. wir sprachen nur davon, dass sie den neubeginn wagen sollte, den absprung, den ausbruch, dass sie sich endlich aufraffen sollte, ihre behausung einzureissen ... mir entging die schwere dieser forderung damals. ich war mir nicht einmal der forderung bewusst. ich sah die einfachheit meines lebens in Berlin, den leichten zugang zu allen gruppen, ich war jung, ich hatte zeit, soviel zeit, dass ich zu Nadjenka sagen konnte: komm doch nach Berlin!

Sie fühlte sich alt und verbraucht, dreissig. die angst vor dem unbekannten ... die linken schienen ihr wenig überzeugend — wie hätte ich, als ghettobewohnerin, ihre ein-

wände entkräften können? sie sah mich von wohngemeinschaft zu wohngemeinschaft wandern, gruppe um gruppe
durchlaufen, mann um mann humanisieren.
Das wiedersehen auf der frauenkonferenz war für mich
sehr schmerzhaft, schrieb sie mir. ich hatte das gefühl,
dass wir nichts besonderes mehr füreinander waren, dass
es um uns keine einmalige bedeutsamkeit mehr gab. ich
fühlte nur einen bruch. du verteiltest deine herzlichkeit
so gleichmässig an alle — auch an mich, da war kein
unterschied.
Ich habe auch angst um uns, kommt ihre stimme durchs
telefon.
Du gehst mir verloren.
Nadjenka, nein, sage ich beschwörend.
Wodurch denn?
Durch eine andere frau, sagt sie. nur eine andere frau
kann uns auseinander bringen. diese angst hatte ich
früher nie, ein mann ist gefahrlos für uns.
Auch eine andere frau, sage ich, kann uns nicht trennen.
es ist nicht Fenna, die dir angst macht, es ist mein rück-
halt in der frauenbewegung, meine verbundenheit mit
frauen, der stellenwert, den die arbeit mit frauen in
meinem leben einnimmt ... sicher begegne ich dir anders
als früher, wenn ich von einem mann aus verloren auf
dich zustürzte ... aber deine besonderheit für mich geht
doch dadurch nicht verloren — nein,
Es ist nicht Fenna, wiederhole ich. es ist unser unter-
schiedliches leben und die ähnlichkeit von Fennas und
meinem leben — beide unverheiratet, beide keine kinder,
beide in 'Brot ♀ Rosen' ... über zwei jahre haben wir das
leben einer gruppe mitgestaltet und neue inhalte erarbeitet. —
Nadjenka schob mich vor sich her, über monate, bis zum
beginn des folgenden jahres, als sie mich besuchen kam.
sie wollte mich nicht mehr in ihrem leben haben, blendete

mich aus, holte mich wieder heran, prüfte, überlegte. versuchte, die stränge ihres lebens zu erkennen, die harten verknoteten stränge zu entwirren. ich hörte nichts von ihr, als ich unterwegs war, sie schwieg beharrlich.

"Manchmal habe ich dich sehr vermisst, als du in Amerika warst", sagte Fenna während des spaziergangs im charlottenburger schlosspark.
"Ich kann dir nicht genau sagen, was es war, aber alles war schwieriger zu bewältigen. konflikte waren härter auszutragen, bei einer menstruation in der zeit brach ich zusammen — nicht, dass ich dich häufiger sehen wollte, es war mehr... dass ich wusste, ich hatte in der zeit nicht die möglichkeit, irgendein problem mit dir zu besprechen ... ich sehnte mich ... seelisch nach dir."
Der sommer war ohne uns vorbeigegangen. die wärme hätte unsere versuche, zueinander zu kommen unterstützt, dachte ich. jetzt werden wir uns wieder in zwei drei kleiderhüllen, mäntel mützen schals und handschuhe vermummen müssen.
Das war in Brüssel, in der telefonkabine. benommen hatte ich als erstes nach meiner rückkehr geld gewechselt.
Ja? Fennas stimme meldete sich.
Ich öffne den mund. Ich bin's.
Veruschka?! wo bist du?
In Brüssel.
Wenn ich jetzt gleich aufbreche, sagt sie langsam, könnten wir noch heute nacht von Frankfurt zurückfahren.
Ich lehne mich an die kabinentüre.
Du willst mich abholen?
Sie lacht.
Was dachtest du denn?
"Diese verbundenheit...", sagte ich im weitergehen, "ich glaube, sie hat etwas mit dem ungeklärten begriff 'mütterlichkeit' zu tun. das ist so zwiespältig, so ... vieldeutig

... wie sollten wir zu 'mütterlichkeit' einen unmittelbaren, ungebrochenen zugang finden? — zu lange sind wir als nur-ackerfurche missbraucht worden — es geht auch nicht in erster linie um ... die frau, die uns geboren hat ... wir wollten die blutsbande, die schuldgefühle, das schweigen ja nicht, es ... geht nicht um wiedergutmachung, nicht um 'mütterlichkeit' nur ihr gegenüber, sondern um die macht der mütterlichkeit, um mütterlichkeit als allgemein menschliche eigenschaft —"

Zwei tage vor ostern schneit es nass und hässlich. an weihnachten bin ich im schlosspark spazieren gegangen, die forsythien blühten.
Fluchend schlüpfe ich in den schweren mantel, haste zur u-bahn und vergrabe mich in einem buch. ich bin doch schon eingeschneit, verschollen. letzte nacht wurde mir beigebracht, wie ein fisch zu schwimmen, stetige bahnen im wasser zu ziehen, die wasser zu teilen, die meere zu durchpflügen.
mächtiger als ozeane!

Ich kehre nach der behandlung meiner privatpatientin in die wohnung zurück, stosse verwünschungen aus. eine suppe jetzt wird mich retten, blumenkohl, das ist verlässlich. ich spüle geschirr, um meine hände zu wärmen. am liebsten würde ich für jeden teller einzeln das spülbecken mit heissem wasser füllen. mir platzt gleich der kopf, der sich in der u-bahn mit blitzen angefüllt hat. die suppe dampft neben der schreibmaschine, sie schmeckt nach karton und den grauen mauern vor meinem fenster, sie kann höchstens die hautgefässe wärmen. gleich werde ich von eiskanälen durchzogen sein. ich fliehe wieder in die küche, lasse die blauen feuer der drei gasflammen gleichzeitig auflodern, teewasser will ich aufsetzen, den dampfenden tee eimerweise in mich hineinschütten, bis ich auf-

getaut bin. die kochwäsche lasse ich zwei- drei- fünf-
zehnmal durchlaufen
glühender als feuer!
die maschine zischt, das plastik schmilzt, die küche
dampft, meine haare saugen sich an der decke fest, der
kopf birst. kalter schweiss, mit klammen fingern drehe
ich die gasflammen aus, schalte die waschmaschine ab.

Ich gehe meinen tagen entgegen.
Die gebärmutter liegt verkrampft zwischen den beckenschalen. die schleimhaut an ihren innenwänden ist satt
mit blut. seit drei tagen dunkelbraune tropfen, am tampon hellrote spuren. hartnäckig hält sich die schleimhaut
fest. die ablösung dauert ungewöhnlich lange diesmal,
behindert mich. ich bin benommen wie von drückendem
wetter, die bauchdecke ist gespannter als sonst, ange-
spannt von der verkrampften gebärmutter, das muskel-
geflecht am beckenboden ist zu straff geworden, zieht zu
boden. die monate davor war der schmerz plötzlich und
heftig gewesen. am ersten tag wurde fast die ganze
schleimhaut abgestossen, in schwarzen gewebsteilen. danach aber ein leichtes empfinden, der bauch warm und
locker, eine vorahnung davon, wie menstruation sein
könnte.

Nadjenka hat mich besucht. es kann nur knapp zwei
wochen her sein; doch schon ist sie wieder seit ewigkeiten
entschwunden. das lange wochenende viel zu kurz; danach trat eine leere ein wie noch nie zuvor, es gelang mir
kaum, mich aufzuwärmen. nachts sprang mich ihr leben
an, hockte sich auf meine brust.
Der schmerz strahlt aus, manchmal muss ich stehen-
bleiben. ausgerechnet am wochenende zu menstruieren,
während der zwei langen tage ohne unterbrechung von
aussen! der montag zerrissen, morgens die privatpatientin, nachmittags in die praxis, in der ich jetzt stunden-

weise arbeite. ich bekomme rückenschmerzen beim blossen anblick der schreibmaschine. (mir bricht fast das kreuz, sagt eine patientin, ich habe mein *zeug*). die muskeln ziehen sich immer wieder zusammen, um die schleimhaut abzulösen. Nadjenkas stossweises schluchzen noch an meinem hals, an mich geklammert, sie würgt, ihr leben schnürt ihr die kehle zu. ich wiege sie sachte, sag doch was ist, sag doch

Nie eine wahl gehabt. sekretärin gelernt, weil kein geld da war für etwas anderes, geheiratet, um von zuhause wegzukommen, um endlich zuhause zu sein, ein kind bekommen, nach vielen jahren schliesslich ein kind, um —

"Was wird aus dir, wenn ihr etwas zustösst?"

Nadjenka wird gesichtslos. unvorstellbar.

"Ganz einfach", sagt sie dann langsam, "entweder lebe ich ohne sie weiter oder gar nicht mehr."

"Also könntest du ohne sie leben?"

— "Vielleicht."

Welche hypothek, vom atemzug der entstehung an die verlassenheit der mutter aufzuheben! ist leben letztlich auf die bewältigung von allein sein beschränkt?

"Berlin wäre keine lösung gewesen, das weiss ich jetzt ganz genau", sagt sie.

"Du hättest mich nicht tragen können. du weisst nicht, wie ich hier angekommen wäre, wie ich ohne dich nicht hätte leben können, jedenfalls lange zeit nicht."

Jede damals einen mann an der seite, später waren die leben endgültig verschieden ausgerichtet. vielleicht hätte die zusammenführung sogar alles zerstört?

Wir sind doppelgängerinnen. treffe ich sie, treffe ich zugleich auf einen teil meiner selbst. keine gemeinsame arbeit, keine gruppe, kaum eine geschichte. die vertrautheit bleibt, wie spärlich die zusammenkünfte auch sein mögen. würde sich herausstellen, dass vieles fehlte, wären wir zusammen? ist die vertrautheit eine grundlage oder ist sie letztlich nur das, was wir bei andern immer vermissen oder so schwer erarbeiten? jemand tritt auf mich zu, wie ich auf andere zutrete — sind wir doppelgängerinnen, ist Nadjenka eine spiegelung, täuschen wir uns, aber worin, wieso sollten wir uns nicht glauben, wieso sollten wir uns nicht beherbergen können, uns nicht verbunden sein über räumliche trennung hinweg?

Vielleicht menstruiere ich gar nicht richtig, ist alles blockiert diesmal? ich nehme das spekulum und sehe nach. der muttermund taucht aus der tiefe auf, schiebt sich glänzend vor, leuchtet zwischen den korallenwänden zu beiden seiten.
Aus der runden öffnung rollt ein tropfen hellrotes blut, weitere sammeln sich, rinnen an der wölbung des muttermundes hinunter, der rote fluss nimmt seinen anfang. unwillkürlich lächle ich, weil die taschenlampe mehr als den muttermund beleuchtet. das dunkel der vergangenen fünfzehn jahre wird blasser. seit fünfzehn jahren jeden monat rote tage. ich habe *meine* tage, sie gehören mir. unwohl sein war die einzige möglichkeit, bei mir zu sein.

Damals in der schule, erinnere ich mich, brachten die mädchen, die menstruierten, jeweils zur turnstunde einen entschuldigungszettel mit der unterschrift der mutter mit. jede war stolz gewesen, wenn sie den zettel zum ersten mal vorweisen konnte, jetzt gehörte sie mit zum geheimbund, es gab uns ein bestimmtes machtgefühl. wir machten uns einen spass daraus, ab und zu alle mit gefälschten zetteln beim turnlehrer zu erscheinen, der fassungslos stotterte: aber — ihr könnt doch nicht — alle — auf einmal... doch wie sollte er den gegenbeweis antreten? also waren wir frei, sobald er in der turnhalle war, verschwanden wir. menstruation war ein kollektives ereignis. die schmerzen, zusammengebissene zähne im unterricht, kurze gespräche auf der toilette — das alles wurde aufgefangen durch ein verständnisvolles lächeln, einen mitwissenden blick.

Die spuren am tampon bleiben noch einen tag lang hellrot. dann aber werden die krämpfe heftiger, sie gehen strahlenförmig von der gebärmutter aus, ich bekomme durchfall. ich lege mich hin, drehe mich in alle richtungen, keine hilft. die wärme des heizkissens fängt schliesslich an zu wirken, ich trinke heissen tee mit milch. das ziehen ist noch da, ich rolle mich zusammen, nur den rücken jetzt nicht gerade halten müssen. im kopf sammelt sich ein bekanntes sausen, ich schwitze, an den gaumenwänden fliesst blitzschnell speichel zusammen, und während ich mich noch verbissen wehre, stolpere ich zur toilette und spucke den tee aus. mein gesicht ist fleckig und verzogen. ich lege mich nochmals hin, es scheint vorbei zu sein. der tag ist erledigt, gegen abend vielleicht, kann ich wieder klar denken.

Ausnahmezustand

Eine frau fährt durch deutschland
zehn schwarze stunden durch die kälte.
im abfahrtslicht schon
stürzt ihr gesicht auseinander
eingepfercht in die ausdünstungen des liegewagens
bäumt sie sich auf
um nicht ausgewalzt zu werden von dem stück leben
das ihr zur verfügung steht

Ich draussen
an der eisigen glasscheibe
schwingen meine brüste
angstvoll hin und her
die lange nacht im forteilen des zuges
aus der faserung meiner lippen
wachsen fassungslose blüten

in ihre verlassenheit. wie abgeschieden
von mir sie liegt
mit den tiefen lippen zwischen den beinen
aus denen sie sich eine tochter
hervorbrachte, um nicht mehr
allein zu sein in dem stück leben
das ihr zur verfügung steht.

Morgens im ersten licht
müssen meine angstvollen brüste weichen.
blüten irren hin und her
unergründbar zwischen uns
hin und her.

Jetzt fliesst der rote fluss wirklich, ein tampon kann ihn knapp zwei stunden lang dämmen. die brüste schmerzen nicht mehr, einzig die venenzeichnung ist bläulicher als sonst. ich bin unruhig, überdreht, schlafe schlecht, stehe zerschlagen auf, schreibe von hand worte und zeilen, die ich hin und her schiebe. nachmittags werde ich müde und versuche, eine stunde zu schlafen. das gedankenkarussell hält mich kalt und verkrampft, der körper bleibt ange-spannt einen zentimeter über dem bett hängen, langsam nur gibt er nach, sinkt, das kissen kommt mir entgegen, ich kann den kopf ablegen. die spielrufe der kinder im hinterhof verklingen, ihr ball rollt von meiner schädel-decke weg. von meinen zehen weht kälte an die strümpfe heran. ich gleite in dunklere zwischenschichten, die wände des zimmers verlieren sich. rasendes herzklopfen holt mich zurück, ich bohre den kopf in die einschlaffalten des kissens, umsonst.

Nachts gehe ich mit andern frauen im süden eine küsten-strasse hoch. die felswand fällt steil in türkis-dunkelblau verwobenes meer ab. wir müssen gegen eine windwand ankämpfen, doch während die andern gleichmässig weiter-gehen, werde ich von einem luftstrudel erfasst und in sausenden spiralen in den himmel geschleudert. fliegen! ich breite die arme aus. über mir schwebt eine lichtdurch-flutete möve in denselben luftbewegungen. in sanften wellen fliegen wir durch den gleissenden himmel, endlos.

Dieses jahr hatte ich die ruhe, fünf wochen in nord-deutschland zu verbringen. mein bedürfnis nach weite wurde auf neue weise erfüllt, die weite zog weite nach sich. die unstete weite der ferne, die unruhige weite der fremde, die aufputschende weite der städte nicht ab-gesättigt, doch ich sehnte mich nicht danach.

Auf der rückseite des bauernhofes gab es eine wind-
geschützte sitzecke. bei schönem wetter liess ich mich am
späten nachmittag dort nieder. die steinmauern hatten die
hitze des tages gespeichert, jetzt verglühte diese an
meinem rücken. ich entdeckte die abendstille wieder.
Weite
in der die sonne noch hell stand, balsamlicht über den
himmel ausgiessend. die wild wuchernden schafgarben
im unteren teil des grundstücks waren so hoch, dass ich
darin untertauchte, wenn ich bis zum zaun watete und
über die wiese blickte. hoch oben im weiss geschwaderten
blau zog jeden abend um dieselbe zeit ein flugzeug seine
spur. ausnahmsweise spürte ich kein nimm-mich-mit!
pochen.
Ich begann mich zu erinnern, dass es schon zwei jahre
her sein musste, seit wieder eine sehnsucht nach bäumen,
himmel und weite in mir entstanden war. bis zu diesen
wochen, in denen ich an vielen tagen stundenlang hinterm
haus sass und der untergehenden sonne zusah, hatte ich
die sehnsucht aber nicht bemerkt, oder wenn es andeutungsweise geschehen war, zumindest nicht ernst genommen. an pfingsten vor zwei jahren, als ich von einem besuch aus der Schweiz zurückkam, blieb das aufgeregte und
zugleich heimatliche gefühl über tempelhof aus, zum
ersten mal seit fünf jahren. es stellte sich auch nicht ein
auf der langen fahrt im bus, vom flughafen nach hause.
ich wusste, wo ich mich befand, schaukelte gleichmütig an
vertrauten fassaden und schaufenstern vorbei. ich bin
müde, dachte ich. morgen muss ich um sechs aufstehen,
vor ende der woche komme ich nicht zum nachdenken.
In der frauenwohnung geriet ich mitten in eine gruppensitzung hinein. ich spürte eine starke abwehr. die nach
wie vor unwohnliche glühlampe des gemeinschaftszimmers brannte lichterloh, schemenhaft nahm ich frauen
aus verschiedenen gruppen wahr. ich wollte ruhe haben,

ankommen. etwas flutete hartnäckig in meinem kopf
umher, dunkelgrüne schatten. das hochwasser der Aare,
die mir so ausladend vorgekommen, schwoll einen atemzug lang an, als ich im dunklen zimmer die tasche ab-
stellte. die wanderungen am üppig verwachsenen ufer des
flusses wohltuend licht und sonnig, ich tat nichts als
gehen und schauen.

Als ich stunden später in die kühle glätte zwischen laken
und bettdecke eintauchte, begannen die grünen schatten
in der dunkelheit zu wachsen, wucherten über mein bett,
ein rauschen füllte das zimmer: wälder waren es, ganze
landstreifen von wäldern im spiegelnden bahnfenster
von Bern nach Zürich.

Ich werde alt, dachte ich im einschlafen. zumindest die
landschaft der Schweiz stört mich nicht mehr.

Ich bin eine langsame brüterin. tagelang gehe ich umher,
kann worte nicht finden, aus den vorhandenen worten
keine auswahl treffen. sie sind alle zu dürftig. wenn es
so wäre, dass ich nur auswählen müsste, nur die vorhandenen worte in eine bestimmte satzordnung einreihen,
die vorhandenen satzordnungen in eine bestimmte rei-
henfolge gliedern brauchte und dann stünde das, was ich
sagen will, bereits da, wäre das ganze halb so schwierig.
doch ich muss neue worte schaffen, begriffe aussortieren,
anders schreiben, anders benutzen. aus dem zugemauer-
ten kopf bricht ab und zu ein wort. morgens schlage ich
mitten im satz die augen auf, nachts springe ich verstört
aus der warmen höhle, ein wort, ein bild, papier, blei!
bevor die erdrutsche im kopf anfangen, ich in die maschine rattern kann, bis mir die arme abfallen. ich lasse
sie liegen. die kopfhaut wird kühl vom erkalteten
schweiss. ich bin voll und leer.

Es gewittert im hinterhof. seit tagen lähmt mich die abgestandene hitze. ich stelle mich mit verschränkten armen ans fenster. wenn sich endlich ein wolkenbruch entfesselte! das fahle licht will die hitze von den hausmauern lösen, sie hält sich zäh daran fest. über den parkplatz vor dem anliegenden hinterhof rascheln papierfetzen hinweg. ein trockener wind beginnt, in immer kürzeren abständen zwischen den mauern hindurch zu jagen.

In diesem licht erinnere ich mich wieder der falben stuten mit ihren fohlen. die fohlen schmiegten sich an den bauch der stuten, auf wiesen, an denen ich mit Fenna entlang gefahren bin.

Eine türe schlägt zu. ich löse mich vom fenster und gehe durch die beinahe leere wohnung. drei frauen sind in urlaub gefahren. der wind hat die papiere auf ihren schreibtischen bereits durcheinander gewirbelt. werde ich nach dem gewitter in der wohnung besser atmen können? sie ist stickig und vollgestellt nach meiner rückkehr vom bauernhof.

"Ich habe mir gedacht, dass du etwas weltfremd zurückkommen wirst", sagt eine der frauen, mit denen ich jetzt zusammenwohne.

Ich schliesse die fenster. die hohen decken fallen mir auf den kopf. die wände rücken mir zu leibe. ich bewege mich wie eine ausgestopfte in dieser umgebung. ich möchte die sechs zimmer mit einem ruck leer fegen, die fenster aushängen. wie konnte mir die wohnung jemals groß vorkommen? ich nehme alle bilder von den wänden meines zimmers ab. Fenna bringt mir ihre gemalten wolken vom norddeutschen himmel mit.

Das licht ist schweflig geworden. das zimmer wird finster, der wind hat seine vorarbeit beendet. der regen beginnt nur zögernd zu rauschen.

Ich halte meine hände zum fenster hinaus. wie sie sich
füllten mit Fennas satten tropfenden lippen! sie schwam-
men durch meine finger. ich suche nach abdrücken, forme
einen kelch. ein geruchskelch ist zurückgeblieben.

Im badezimmer eben
ich wollte kalt duschen weil mir
schwindlig war
habe ich festgestellt, dass ich immer noch
ein bisschen braun bin jedenfalls
ist der haut ton an den schultern und im ausschnitt
ein anderer als der
mit dem die brüste beginnen
Fenna! und schreibe dir nun einen brief weil ich überlege
wann du je die zeit und die ruhe haben solltest
um sehen zu können
mit der ausdehnung und ausführlichkeit
die ein solches sehen erfordert, dass
der haut ton an den schultern und im ausschnitt
ein anderer ist als der
mit dem die brüste beginnen?
                              Ständig geraten wir an
grenzen bei unseren expeditionen. an die grenzen
unserer eigenen kräfte der verfügbaren zeit der
ökonomischen zwänge der beruflichen arbeit und
unserer sehnsüchte. wann können wir
klären was sehnsüchte sind? wie schaffen wir
raum für das leben unserer sinne? das neue
schält sich mühsam aus dem alten hervor, stück werk.

Kennst du dieses gefühl im becken
wenn die gebärmutter sich ohne ersichtlichen grund
zusammenzieht und empfindungen entstehen aus
prüfungsangst sexuellem verlangen und menstruations
schmerz? seit jahren taucht es ab und zu in mir auf

114

auch in zeiten, da ich keinen aussergewöhnlichen belastungen ausgesetzt bin mitten am tag vielleicht ohne erkennbare ursache.

Doch sinne ich darüber nach,
wie ich mich als kind abends in der küche gefühlt habe,
so kann ich eine undeutliche spur zurück verfolgen —
zusammenhänge, die auseinander gerissen und
aufgesplittert worden sind.
Heute nacht stand ich im traum vor einem zweiteiligen spiegel. blickte ich geradeaus, so sah ich mein gesicht, wie es mir bei tage auch aus dem spiegel entgegenblickt oder zur zeit auf fotos abgebildet ist, einzig die haare waren noch lang und zu einem knoten hochgekämmt. drehte ich den kopf nach links, so veränderte sich das gesicht in der linken hälfte des spiegels, die augen verwandelten sich zuerst. blutergüsse bildeten sich um sie herum dunkelblau auf den lidern lila auf den wangen am jochbogen entlang. die brauen wurden buschig und schwarz die haut verwelkte. die haare ergrauten nicht nur, sondern wurden auch kraus.
Dass mein gesicht alterte erstaunte mich nicht.
Doch es wurde ein völlig fremdes anders geformtes gesicht, das ich nicht kannte. es gab keine vertraute linie darin. drehte ich mich geradeaus, so blickte mir wieder mein gegenwärtiges gesicht entgegen. die alte frau in der linken hälfte des spiegels musste also etwas mit mir zu tun haben. ich war erschrocken weil mir das gesicht entstellt vorkam und beugte mich näher heran, um die blutergüsse genauer zu betrachten. da entdeckte ich in den lila flecken eine zarte maserung. ich stellte mich seitlich vor die linke hälfte des spiegel und blickte auf schultern und rücken. ein schleier lag darüber ausgebreitet aus ranken und blumen grün blau und rosa. darüber blickte

mich das gealterte gesicht an. Fenna, sagte ich, sieh doch
sieh doch nur wie schön das da ist!
Was geht hier vor? mein gesicht altert über meinem
körper liegt ein neues gewebe. heute weiss ich
dass ich meinen körper immer als altertümlich
unzeitgemäss empfunden habe, und dass mich
dieses unzeitgemässe tatsächlich vor vielem bewahrt hat.
Hätte ich unkompliziert damit umgehen
können, hätte ich ihn nicht oft so mit mir herum
geschleppt wie ich ihn mit mir herum schleppte
wäre ich stärker von der gängigen sexualität vereinnahmt
worden. der körper selber war ein hindernis dafür. er
entsprach nicht den männlichen vorschriften.
Es gibt bruch stücke aus der vergangenen geschichte
meiner eigenen wie derjenigen aller frauen
die ich erkennen kann.
Es gibt eine angedeutete richtung für die zukünftige
geschichte in der gegenwart
laufen übereinander gelagerte prozesse ab in
verschiedenen geschwindigkeiten rhythmen und auf
verschiedenen ebenen.
Es ist keine übereinstimmung da. die verschiedenen
prozesse treffen zu unterschiedlichen
zeitpunkten mit unterschiedlicher stärke in mir zusammen
— dieses *gedrungene* lebensgefühl manchmal! oft denke
ich daran, obwohl das schon so weit entrückt ist,
wie es mir auf dem rückflug von New York erging.
ich kauerte auf dem boden des flugzeugs, als dieses
startete und presste mein gesicht ans fenster. weit unten
entschwand die küste eine weiss begrenzte linie. als ich
feststellte dass sie derjenigen auf dem globus tatsächlich
ähnlich sah, hatte ich sekundenlang eine vorstellung von
Amerika und eine ahnung von den strukturen des globus
insgesamt. wieder spürte ich diese begierde nach der
Welt während ich nach Europa zurück flog nach Berlin

ohne begründen zu können, was ich dort noch wollte.
Aber in diesen letzten angestrengten blicken auf die
küstenlinie Amerikas hatte ich ein aufflackerndes
und wieder verlöschendes gefühl, doch nicht zurück
sondern weiter zu gehen ohne niederlassung.
Wie selbstverständlich sich der riesige kontinent ins
wasser neigte! leicht wirkte das, so leicht und einfach,
dass sich die begrenzungslinien meines körpers einige
atemzüge lang auflösen konnten.
Unser da sein hingegen wird von allen seiten eingeengt.
Nun, da es sich zu zeigen scheint, dass wir uns nicht
vereinnahmen obwohl die vertrautheit gewachsen
dass die gefahren einer liebes geschichte zu zweit
zwar nicht gebannt sind
doch bis jetzt in schach gehalten werden
merken wir, dass wir nichts richtig tun können.
Vor langer zeit
mit dem unbestimmten wunsch aufgebrochen
dass wir miteinander zu *tun* haben wollten. nun,
da es uns ein wirkliches anliegen ist, stellen wir fest
dass wir daran gehindert werden. stets müssen wir
etwas auf kosten von etwas anderem vernachlässigen.
die berufliche arbeit leidet durch die politische die
politische durch die berufliche die berufliche wiederum
bringt kein geld ein die geldbeschaffung gefährdet
die eigentliche arbeit.
Wir selber entgleiten einander. stets die entscheidung
zwischen uns und unserer arbeit — auch das wiederum
zwiespältig — entglitte uns nämlich die arbeit, wüchsen
die gefahren einer liebes geschichte zu zweit. malen
und schreiben einigermassen fassbar richtungsweisend.
deshalb können wir überleben können wir die tragik
der beschränkten mitteilungen unter uns zu
bewältigen versuchen.
Nicht aber die einbrüche von wut und verzweiflung.

Morgen früh werde ich an deiner haustüre klingeln du
wirst den türöffner betätigen ich werde diese seiten in
deinen briefkasten werfen und habe auf einige zeilen
gepresst, wofür viele stunden nötig wären
um unsere sehnsüchte
nicht aufzufangen aber kund zu tun
nicht zu leben aber das überleben
für ein paar stunden
zu unterbrechen.

KÜRBISFRAU

Es war bereits kurz nach halb neun;
Cloe stand umnachtet auf. ihre brüste schmerzten, während sie durch den langen flur zum telefon rannte; sie hielt schützend die hände um sie gelegt. als sie sich hinsetzte und den hörer abhob, spürte sie ein ziehen in den eierstöcken. waren schon wieder vier wochen um?
Es war erst seit sechs oder sieben menstruationen, dass ihre brüste einige tage davor schmerzten, besonders, wenn sie rannte. seit sie die brüste zu lieben begonnen hatte, kam leben in sie; so auch schmerz.
Nach beendetem gespräch legte sie den hörer auf die gabel und ging langsam ins bad. als sie, noch übers waschbecken gebeugt, in den spiegel hochblickte, sich das wasser aus dem gesicht prustete und nach dem handtuch greifen wollte, musste sie unwillkürlich lächeln. im spiegel neigten sich zwei zartbraune weiche kürbisse dem waschbecken zu. in der sonne auf dem land waren weisse härchen zum vorschein gekommen. Cloe lachte laut auf. igelbrüste! murmelte sie. kürbisigel, igelkürbis ... sie dachte an die verbannten ovalen und runden formen. die gebärmutter eine kürbisfrucht, der eingang zum gewölbe, das der muttermund bewohnt, oval geformt —

Sie hatte schlecht geschlafen.
in diesen letzten wochen war sie abgeschieden geworden.
auf der strasse wusste sie nicht, ob sie zuerst links oder
rechts schauen musste, bevor sie sie überquerte, an der
ampel blieb sie solange bei grün stehen, bis es zu rot
überwechselte und marschierte dann los. zweimal schon
war es nachts vorgekommen, dass sie die haustüre nicht
aufschliessen konnte, weil sie den schlüssel in die falsche
richtung drehte. näherten sich schritte ihrer zimmertüre,
zog sie die schulterblätter zusammen und hielt den atem
an — wenn bloss niemand anklopfen wollte. sass jemand
im gemeinschaftszimmer, war es ihr kaum mehr möglich,
den raum zu durchqueren. sie fühlte sich umklammert
von erwartungen auf einen blick, eine wahrnehmung, ein
gespräch.
Sie hörte musik, wenn sie mit dem schreiben aussetzen
musste. sie war nicht mehr in der lage, sich in den pausen
auf jemanden zu beziehen. am liebsten hätte sie sich
manchmal in der küche vor die waschmaschine auf den
fussboden gesetzt und stundenlang in die bunte wäsche,
die hin und her bewegt wurde, gestarrt.

Cloe drehte den wasserhahn zu und tunkte ihr gesicht ins
handtuch. die gesichtshaut buckelte sich wieder, schon
auf der rückfahrt vom bauernhof hatte es angefangen.
am unterkiefer, kurz vorm ohr, sprang plötzlich ein
weisser punkt juckend vor und schwoll an. — neinein,
mich hat bestimmt nichts gestochen, ich habe das doch
manchmal — jetzt reihten sie sich wieder auf, im laufe
des tages, manchmal wartete einer schon beim aufwachen
auf sie. ab und zu juckte die haut am ganzen körper,
zerrte, zu straff gespannt an ihr, unwillig gegen kleider,
lärm, schmutz, schweiss und auseinandersetzungen mit
menschen. die haut legte sich an bestimmten tagen erst

entspannt um sie, wenn Cloe nackt zwischen laken und bettdecke schlüpfte und das licht löschte.

Sie war nieder geschlagen und zum zerreissen gespannt. menschen, die sich hinlegen konnten *und einschliefen* beneidete sie glühend. am meisten beneidete sie menschen, die sich zum schlafen hinlegen konnten, *weil* oder *wenn* sie überanstrengt waren. wenn Cloe sich jetzt hinlegte, blieben die lider über den augen leicht. dahinter kreiste sie als graues flaumbündel über einer unbewegten schlafenden fläche und versuchte vergebens, in diese einzutauchen.

Sie streifte sich das lange kleid über und schlurfte in zu großen latschen von jemand anderem in die küche, um teewasser aufzusetzen. dann suchte sie aus dem schmutzigen geschirr die türkisfarbene tasse heraus und begann, sie sauber zu machen. aus welch eindringlichen teilchen *leben* sich zusammensetzte! der lichtpelz der vormittagssonne um ihre schultern schien ihr beinahe zuviel des guten. war sie immer noch nicht gewohnt zu nehmen, was ihr zustand?

Cloe liess die hände sinken; das warme wasser floss weiter aus dem hahn. die spülbürste rutschte aus der einen hand, die tasse baumelte in der andern. sie starrte traum verloren zum fenster hinaus. das wichtigste im leben schien ihr plötzlich wärme zu sein. sonnenwärme.

Ich will fortan in lichtjahren denken, sagte sie laut und sah sich gleich darauf erschrocken um. doch sie stand allein in der küche. heute war wieder so ein tag, an dem traumschichten, gesprächsausschnitte, erlebte wie gelesene, verwischte begegnungen durch die luft schwebten, wie russteilchen nach einem grossen brand.

Cloe wusch energisch die tasse aus und stellte sie auf den tisch. ich muss herausarbeiten, wo ich mich *befinde*, dachte sie, nein, erst muss ich genauer sagen können, *wie ich hierher gekommen bin*. ich weiss nicht, wie die ganzen sachen in meinen kopf gelangen. seit ich anders arbeite und anders lebe, füllt sich mein kopf mit überlegungen und bildern. ich muss ja die dinge nicht nur aus meinem kopf hinaus befördern, ich muss mich erinnern, wann und wie sie in mir aufgetroffen sind. über das auftreffen selber lässt sich aber nichts *sagen*. sobald die eindrücke und gedanken in mir umherwandern, ich über transportwege zu meinem kopf nachdenke, sind sie bereits verfremdet. ich muss sie in meinen kopf leiten, damit ich sie in vertrauten signalen aus meinem mund freigeben kann, so dass andere etwas davon verstehen können. die vielen verarbeitungs- und entfremdungsprozesse müssen so verlaufen, dass die signale, die aus meinem kopf in die schreibmaschine gelangen, in anderer form dem *ursprünglichen* erlebnis möglichst nahe kommen —

Das teewasser dampfte. gab Cloe etwas von dem geschriebenen aus der hand, war es oft schon veraltet, wenn sie dann darüber sprechen sollte. das material und seine aneinanderreihung veränderte sich ununterbrochen in ihrem kopf. sie musste dem ein ende setzen. sie glaubte nicht daran, wenn behauptet wurde, ein buch wäre dann 'fertig', wenn jeder gedruckte satz darin nur so und nicht anders dastehen konnte. ein buch ein prozess ein stück leben, sagte sich Cloe: *veränderbar*.
Sie holte die teedose vom regal herunter, schüttete eine handvoll der schwarzen blättchen ins teenetz, goss etwas von dem kochenden wasser darüber und liess sie kurz aufquellen. als sie den teekessel dann mit der rechten hand angehoben hielt, um das restliche wasser in die teekanne zu füllen, spürte sie wieder den stechenden druckpunkt am inneren rand des schulterblattes. es war schon vorgekommen, dass sie kaum den arm hochheben

konnte, wenn sie beim autofahren das radio einschalten wollte. von diesem punkt strahlten missempfindungen aus, als ob unter und über dem schulterblatt alle muskeln sehnen und nerven verdreht und verrenkt wären.

In letzter zeit kam es ihr so sinnlos vor, mit jemandem über ihr buch zu sprechen. die kommentare vermehrten nur die ringe der leere um sie herum. es war lautlos geworden auf ihrem geschichtsfeld. von den dingen, die sie bearbeitete, kamen kaum noch hinweise. selbst von den buchstaben wehte jetzt ab und zu eine kühle an sie heran, die sie nicht in ihnen vermutet hatte. eingefroren standen sie um sie herum.

Cloe zog das schwer gewordene teenetz aus der kanne und kippte es über der mülltüte aus. dann schenkte sie sich tee ein, setzte sich an den küchentisch und wärmte ihre hände an der heissen tasse. heute packe ich mir henna auf den kopf, beschloss sie. der gedanke daran, dass die grünliche pampe eigentätig arbeitete, während sie über dem manuskript sass, so dass ihr haar nach zwei stunden rotgold aufleuchten würde, beruhigte sie. vor einem jahr hatte sie die haare ganz kurz scheren lassen. sie wollte noch einmal das gefühl ihrer kopf form und ihres blossen gesichtes spüren (und sie hatte gehofft, die strassen-belästigungen dadurch zu vermindern). die haare waren kräftiger und voller geworden. sie waren schnell gewachsen. jetzt konnte sie sie schon wieder aus dem gesicht streichen. sie dachte an die frau, die sie vor einem jahr gewesen war und an die frau an das jahr zuvor und —

Häutungen.

Dies ist das jahr der kürbisfrau! sie erhob sich, und ging in ihr zimmer. nicht mehr der möchte-gern-schmal-sein-frau, der hätte-ich-doch-flache-brüste-frau ...

Cloe trägt flicken ihrer alten häute an sich herum. sie ist bunt gescheckt und geht kichernd durch die strassen. im wechsel von licht und schatten schillern hier und da die hautverschiedenheiten auf. die sanfte kompromissbereite haut, die sei-doch-nicht-so-mimosenhaft-haut, die ich-strahle-ruhe-aus-haut, die sinnliche neugierige haut, die alles-erkennen-wollen-haut.

Wer kann bunte haut lesen?

Cloe bewegt die lippen. der mensch meines lebens bin ich. die leute drehen sich nach ihr um. dass heutzutage schon junge frauen selbstgespräche führen!

Einige anmerkungen zu mir

und zur geschichte dieses buches

Ich wurde 1947 in der Schweiz geboren, ging 1968 nach Berlin und machte eine ausbildung als krankengymnastin. zur frauengruppe ‚Brot ọ Rosen' gehörte ich seit ihrer entstehung 1972. im kampf für die ersatzlose streichung des § 218 schrieben wir das ‚Frauenhandbuch Nr. I' über abtreibung und verhütung.

Mit dem schreiben dieses buches begann ich 1974; zur buchmesse 1975 wurde es veröffentlicht. ende 1975 zog ich von Berlin weg aufs land.

Schreiben war für mich immer eine möglichkeit gewesen, aber sie blieb jahrelang ungenutzt. der entschluß, zu schreiben und das geschriebene zu veröffentlichen, entstand aus meiner arbeit in der frauengruppe, teilweise mit unterstützung der frauen. es war ein experiment, an das ich ohne lehrzeit, ohne handwerkliche erfahrung und ohne fachliche beratung heranging. es gab es kein lektorat für dieses buch. es gab noch keine ‚treffen schreibender frauen', keine öffentliche diskussion über frauenliteratur. vor allem gab es damals, wie meistens, wenn projekte aus der frauenbewegung erarbeitet und durchgeführt wurden, kein geld, keine produktionsmittel, keine fachfrauen, keine schlüsselpositionen in den medien.

‚Häutungen' ist als ganzes erarbeitet worden. die entstehung des umschlages gehörte ebenso dazu wie der inhalt, wie die frage des sprachgebrauchs, der schrifttype und der gestaltung. es war ein umfassender prozeß, den ich mit hilfe hauptsächlich einer andern frau bewältigte. die herstellung eines buches selber zu organisieren und zu überwachen, hat den vorteil, daß einem das buch bis zu seiner fertigstellung nicht entfremdet wird. es hat den nachteil, daß wir als laien einen solchen vorgang nur beschränkt überwachen können, daß die erforderlichen arbeiten in der ‚freizeit', unter enormem zeitdruck, stets am rand der erschöpfung und unentgeltlich geleistet werden.

Ich lebte einige zeit wieder von weniger als 500.– dm im monat, d.h. ich arbeitete so wenig wie möglich als krankengymnastin.

1975, als ‚Häutungen' erschien, war der Verlag Frauenoffensive zum erstenmal auf der Buchmesse vertreten. andere frauenverlage waren erst im entstehen begriffen. meine entscheidung, in einem frauenverlag zu veröffentlichen traf ich, weil ich eine solche autonome einrichtung der frauenbewegung unterstützen wollte. finanziell war es für alle beteiligten ein risiko. die erste auflage betrug 3 000 exemplare. es war kein geld für eine höhere auflage da.

Die erste auflage war innerhalb eines monats verkauft – über mundpropaganda. werbung war aus finanziellen gründen nicht möglich. rezensionen erschienen erst einige monate nach veröffentlichung des buches. die auflagenhöhe stieg allmählich. im mai '76 betrug sie 44 000 exemplare, im mai '77 125 000 exemplare.

Was ist daran wichtig? ‚Häutungen' wurde nicht durch übliche verkaufstechniken – mittels medien und werbung – verbreitet, sondern in erster linie durch die mundpropaganda von leserinnen und lesern. das war möglich, weil sich offenbar sehr viele von diesem buch unmittelbar und persönlich betroffen fühlten.

Was folgt daraus? durch den erfolg des buches konnten arbeitsplätze für mehrere frauen geschaffen werden, ebenso die voraussetzung, weitere bücher herzustellen. der verlag frauenoffensive ist bekannt geworden. die bücher liegen nicht nur in linken und frauenbuchläden, sondern auch in den bürgerlichen buchhandlungen aus. das heißt, daß mehr frauen erreicht werden können.

Die autorin ist ‚berühmt' geworden. was dies für mich als person bedeutet, kann ich hier nicht genau ausführen. die spielregeln der öffentlichkeit, des kulturbetriebes verlaufen entgegengesetzt zu dem, was wir in frauengruppen versuchen zu erarbeiten. vermarktung steht gegen identitätssuche, personenkult gegen gemeinsames handeln, konkurrenz gegen unterstützung, karriere gegen kreativität usw. als einzelne frau der frauenbewegung habe ich mich hier mit problemen auseinanderzusetzen, die in ähnlicher weise auch für gruppenprojekte bestehen. je besser das geschäft mit frauenfragen läuft, desto dringlicher wird es für uns, KOLLEKTIV zu diskutieren, wie wir mit den medien, der öffentlichkeit, dem fremden kulturbetrieb im einzelnen umgehen wollen.

Eine analyse dessen, was ,öffentlichkeit' für auswirkungen hat, welche mechanismen damit verbunden sind, ist für mich eine wichtige voraussetzung zu weiterem schreiben. ,Häutungen' ist nicht das ,erstlingswerk' einer ,literarischen karriere'. ein buch zu schreiben, war damals für mich die geeignetste form, für die sache der frauen zu handeln. es bedeutete nicht, daß zwangsläufig ein zweites buch folgen würde. dieses hier hat im persönlichen, im politischen und im literarischen bereich diskussionen ausgelöst, die noch andauern. das ist das wichtigste daran.

November 1977

Das englische zitat auf s. 40 entstammt dem buch ‚women in viet nam' von Arlene Eisen Bergman (1974, peoples press, San Francisco). *es bezeichnet eine übung, die zur ausbildung in der amerikanischen armee gehört.* sinngemäß lautet die übersetzung:

Das ist mein maschinengewehr (GI hält seine M-16 hoch)
Das ist mein revolver (faßt an seinen schwanz)
Das eine zum töten
Das andere zum vergnügen.

Das werbezitat auf derselben seite, entstammt der jägermeisterreklame, die im ‚stern' nr. 29/73 erschienen ist.

Das buch ‚dialectic of sex' von Shulamith Firestone ist im S. Fischer Verlag unter dem titel ‚Frauenbefreiung und sexuelle Revolution' erschienen.

Das ‚Frauenhandbuch Nr. 1' kann bei ‚Brot ọ Rosen' bestellt werden: 1 Berlin 10, Postfach 100 208.

11. Auflage, 125.-133. Tsd., 1978
C Verlag Frauenoffensive, München 1975
Kellerstr. 39, 8 München 80
ISBN 3-88104-000-5
Umschlagdruck: Buch- und Offsetdruckerei Paul Fieck, Berlin
Innendruck: Offsetdruckerei Gegendruck, Essen